仕事消滅
時代の
新しい
生き方

本田 健
Ken Honda

プレジデント社

はじめに

今、世界は、これまで体験したことのない激動の時代を迎えています。

最初に中国・武漢で未知のウイルスが流行っていると聞いたとき、日本の観光バスの運転手さんは、1カ月後、まさか自分の仕事が消滅するなどとは、予測もしなかったでしょう。

予約が取れない人気レストランの気鋭のシェフは、1カ月後、まさか自分の店が廃業の危機に追い込まれるとは、夢にも思っていなかったでしょう。

まさか、こんなことになるなんて……。

その「まさか」が次々と起こるのが、これからの時代です。

友人の一人は、インバウンドをあてにして、京都と北海道のニセコにAirbnbの宿泊施設を建てたばかりでした。けれど、今現在、予約はゼロ。フルローンだったため、莫大な負債だけが残りました。

同じようなホテル業、観光業、また飲食業、イベント業、さらには海外から部品調達をする製造業までもが壊滅的な打撃を受けています。

それだけではありません。

たった、2カ月で、世界中の人の行動が変わり、文化が変わりました。

外食や旅行、飲み会やパーティーの機会が減り、高級車や宝石、ブランド品は売れなくなりました。女性がエステや美容院に通う頻度も、以前よりだいぶ減ったのではないでしょうか。衣類にしても、家電にしても、今あるものが使えれば、もう流行や新製品を次々と追い求めて買い替える必要もありません。

テレワークで家にいることが多いと、いらないものがあります。スーツ、ネクタイ、ハイヒール、バッグなど、全くいらないのです。

その日、動画でのミーティングがなければ、お化粧だってしなくていいでしょう。

モノがいらなければ、広告もいらなくなり、広告収入がなければ、テレビやラジオの番組も雑誌も縮小せざるをえなくなります。

こうして不況の波は、全ての業種、全ての産業に広がっていくのです。

これはもう2008年のリーマン・ショックのような一時的な不況ではなく、大恐慌レベルの経済危機だといっていいでしょう。

今後は、みなさんが「えっ、あの企業が⁉」と驚くような大企業が倒産することもあると推測しています。大企業が潰れれば、体力のない中小企業はもちません。

フリーランスの人や非正規雇用の人は仕事がなく、すでに家賃も払えない窮地に追い込まれている人もいるでしょう。


ある日突然、会社がなくなる、仕事がなくなる、産業そのものが消えてしまう――。

そんな「業界全体が消滅してしまう時代」がやってきたのです。


これからは多くの人が、人生最大のピンチに直面するでしょう。

収入は2割から3割減。悪くするとゼロになる人も出てきます。

「そのうち、なんとかなるだろう」と、のんきに構えている人もいるかもしれません。

でも、残念ですが、なんともなりません。

私たちが知っているビフォアコロナの社会は、もう戻ってこないのです。

けれど、希望は捨てないでください。

こういう時代だからこそ、人生最大のチャンスもまた生まれます。

終戦後、焦土となった街で、焼け出された人々の家財道具をリヤカー1台で運ぶ商売を始めて、やがて運送会社を築いた人もいます。戸板1枚の闇市の露店商からスタートして、後にスーパーマーケットをつくり成功した人もいます。

とにかく食べていくために「何でもやってやる」の覚悟で、新しい仕事を創出したのです。まさに経済の焼け野原となった今、私たちにも、こうしたチャンスは必ずあるはずです。

ただ恐れや不安に取り込まれているだけでは、何も起こりません。

これからは、一人ひとりが、たくましく、真剣に、自分ができることを模索しなければなりません。考え、そして行動を起こすのです。

その際、大切になってくるのが、時代を読み取る眼力です。

たとえこれまで成功していたとしても、もはや需要のない仕事にしがみついていては、収入には結びつきません。

これからの時代、人々は何を求め、社会は何を必要とするのか？

それを冷静に分析し、あなたの能力を提供できることは何かをシミュレーションするのが、この「仕事消滅時代」を生き延びるための唯一のカギなのです。


私のメンター（人生の師）の一人で個人投資家の竹田和平さんは、生前、「歴史は70年か80年で繰り返す」とよくおっしゃっていました。

たしかに、日本の歴史を遡《さかのぼ》れば、江戸時代の１７８７年には大飢饉を引き金に「天明の打ちこわし」が起き、その80年後の１８６７年は「明治維新」が起きました。さらにその78年後が、１９４５年の終戦で、そこから75年を経たのが、２０２０年の今です。

こうした歴史の法則を知れば、時代の大きな転換期に先人たちが何をしたかが、私たちのこれからの生き方に大きなヒントをくれるのではないでしょうか。その意味で、私も、今、歴史の検証を進めているところです。


今、世界の歴史で何度も起きたことが起きています。

突然の非常事態にパニックになり、多くの人たちが買いだめに走ったのは、みなさんのご記憶の通りです。流通は途絶えていないのだから、分け合えばモノは足りたはずですが、奪い合うことでスーパーの棚は空っぽになりました。

竹田和平さんは、こんなこともおっしゃっていました。

「飢饉が起きたとき、昔の庄屋（村の首長）の旦那衆は、蔵を開放して米や食料を分け与えた。それが持てる者の使命だよ」と。

苦しい時代だからといって、悪いことばかりではありません。そういう素晴らしい人も出てくるでしょう。

これからの時代、「奪い合い」をするのか、「分かち合い」をするのか。あなたが選択できます。

大切なのは、それぞれが持つスキルや才能を、いかに人や社会のために分かち合うかです。そうした精神の豊かさが、経済的な豊かさにもつながっていくでしょう。

本書は、そんな視点を軸に、新しい時代の新しい生き方のノウハウを提案するものです。

これまでの常識や社会環境、経済環境はリセットされ、世界は、ここからゼロスタートを切ります。過去も年齢も関係ありません。これまでうまくいっていた人も、いかなかった人も、今後は平等にチャンスが訪れます。

これからは、あなたが活躍する場を、あなた自身でつくれる時代なのです。

そのためには、自分の才能を見つけ、天職を見つけることです。

行動し続け、才能と情熱をお金に変えることです。

また、運も必要です。そのためには、出逢いに感謝して、チャンスがきたら、飛び込みましょう。

そういう一つひとつが、あなたの人生をつくっていくことになります。

直感的にピンときたら、とにかく動いてください。

本書がその手がかりとなれば、うれしいです。

勇気を持って、新しい第一歩を踏み出しましょう。

本田　健

Contents

仕事消滅時代の
新しい生き方

Chapter 1

「この時代を生き抜く」という覚悟を決める

Chapter 2

才能を見つけ、天職を生きる

Chapter 3 行動をお金に変える

Chapter 4

夢は、こうやって実現する

Chapter 5

幸運を呼び込む

Chapter 6

お金の不安を手放す

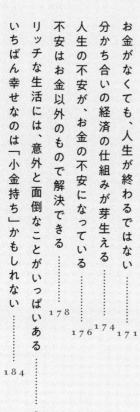

Chapter 7

あなたの幸せを見つける

本書は、ビジネス誌『プレジデント』に連載中の「本田健の賢者は年収3000万の小金持ちを目指す」(「本田健の成功と幸せの法則」改題)を、新型コロナウイルス禍とそれに伴う経済危機の時代を踏まえ、著者自ら大幅に加筆・修正したものです。

Chapter

1

「この時代を生き抜く」という覚悟を決める

自分のなかにある
才能を見つけ、
掘り起こしてください。

Keyword

世界全体で、「強制リセット」が起きている

衛星画像が捉えた中国・武漢上空は空気が澄み渡り、観光客が消えたイタリア・ヴェネチアの運河には、何年ぶりかで魚や水鳥が戻ってきたそうです。

コロナショックは、環境にはいい影響を与えたものの、世界経済は「恐慌」レベルの大きな打撃を受けています。そして、たくさんの大切な命が奪われました。

あなたは今、何を思い、どんな生活をしていますか？

勤めていた会社が突然倒産したり、リストラに遭って途方に暮れたりしている人もいるかもしれません。今月の家賃やローンの返済の心配で、胃が痛くなる思いをしている人もいるでしょう。

小さなウイルスが、多くの人の仕事や生活を一変させてしまったのです。

そこまで影響を受けていない人も、暗雲があなたの人生に忍び寄っていることを感じはじめているかもしれません。世界的不況が始まったら、間違いなく自分の会社や家族

にも影響があるからです。

ここで、これまでのあなたの人生を振り返ってみてください。

仕事や暮らし、パートナーに満足していましたか？

いつもの仕事、気心知れた仲間、住み慣れたわが家と家族……。満足というほどではないけれど、給料もまあまあで、取り立てて不満もない。「まあ、そこそこ幸せですよ」。そんなふうに答えていた人が多いのではないでしょうか。

想定外の大失敗もなければ、驚くほどの大成功もない。

揺らがず、振り幅が小さいのが「そこそこ」の人生の特徴です。

このままその「安定」という名の小さな箱にすっぽり収まっていれば、ストレスも少なく、確かに居心地がよかったでしょう。

けれど、ちょっと考えてみてください。以前のその暮らしは、果たしてあなたが心の底から望んで選び取ったものだったでしょうか？

たとえば仕事なら、自分が本当にやりたいかどうかより、「会社名や年収で決めた」

「最初に内定をもらったから決めた」など、外から与えられた条件や環境に身をゆだねてしまった人もいるでしょう。

住む場所にしても、通勤時間や家賃の上限を考えた結果、自動的に決まったとすれば、これも自ら進んで選んだ結果とはいえません。

人生のパートナーを決めるときも同じです。

「いつまでも独身のままだと世間体が悪い」

「相手も結婚を望んでくれているし、嫌いじゃないから、まあ、いいか」

などと、受け身的にOKしてしまった人もいるでしょう。

理想や目標に向けて、自分の意思で何かを決断したというより、なんとなく流れに任せて今日まできた……。

その結果が、これまでの「そこそこ」の人生だったのではないでしょうか。

時々ふと「何かが違う」と感じていたとしたら、それは、その場所が、自分で選んだのではない借り物の世界だったからかもしれません。

今回のコロナショックがなければ、その借り物の箱のなかで、一生を終えていたかもしれません。

「どうせ自分はこの程度」と、人生の上限を決めつけていたでしょう。

そんな、「そこそこ」の人生が、強制的にリセットされたのが、この事態です。これは大きなピンチであり、同時に、これまでの自分を変えるチャンスでもあるのです。

では、人生は、どのようにして変えていったらいいのでしょう？

今とは全然違う人生もありうる

今から20年ほど前のこと、経済の激変が理由ではありませんでしたが、私にも、そんな「そこそこ」の日々に、「何かが違う」と違和感を持ったときがありました。

当時の私は、経営コンサルティング会社や会計事務所など複数の会社を経営し、投資家としてもある程度、成功していました。経済的には不安がなかったので、娘が生まれたのをきっかけに29歳でセミリタイアし、夫婦で子育てに専念する生活を始めて、そろそろ4年目に入っていました。

こんなお話をすると、「その若さで働かなくても生活できるなら、『そこそこ』とはいえないだろう」という声が聞こえてきそうです。たしかに、外から見れば決して悪い人生ではなかったでしょう。けれど問題は、その悪くないはずの人生に、私自身が思ったほど幸せを感じていないことでした。

育児や家族と過ごす時間は好きでした。娘の成長を間近で見るのは、何よりの喜びでした。ただ、正直、時間を持て余していたのです。

娘のベビーカーを押しながら、こう思いました。

人生、このままでいいんだろうか……。何かしなければ！

そのとき私は、生き方を変える決意をしたのです。

元の仕事に戻れば、また「そこそこ」には成功できたでしょう。

けれど、時代は移り変わるのに、自分だけが同じ場所にとどまるのは、緩やかな後退ともいえます。「そこそこ」の人生は、最悪ではありませんが、最高でもないのです。

私は、前に進み続けようと思いました。

やりたいことにどんどんチャレンジし、毎日がエキサイティングで心躍る「最高の人生を生きる」と決めたのです。

そのためのファーストステップが、作家という職業を目指すことでした。

作家といっても、文章がうまかったわけではありません。それまで書いたことのあるいちばん長い文章といえば、学校の卒業文集という程度です。

ただ、私には唯一与えられたギフトがありました。それは20歳でアメリカに渡り、そこで出会った大富豪たちから聞いた「お金と幸せ」に関する教えでした。

私が描いた夢は、その教えを自分だけのものにするのではなく、本を通じて、たくさんの人に伝えたいというものだったのです。

10代の頃、私の夢は政治家になって人類に貢献するということでした。私が学んだこの「お金と幸せ」の教えも、大げさですが、世界の人々を幸福にする力を持っているはずだと考えました。夢は、どんどんふくらみました。

もちろん、すぐに夢が叶ったわけではありません。知り合いに作家がいたわけでも、出版社にコネがあったわけでもありません。

書店へ行って「作家になる方法」のようなノウハウ本を立ち読みするところから始まり、「やっぱり自分には才能なんてないな」と落ち込んだり、「いや、やれるかも」と気を取り直したりの繰り返しでした。
それでもあきらめず試行錯誤をするうちに、未知の扉が少しだけ開いて、その向こうにほのかな明かりが見えました。

そこからは、思いがけないチャンスが立て続けに舞い込み、ワクワクの連続でした。「明日は何が起こるんだろう?」と、朝になるのが待ち遠しいくらいでした。
出会う人も変わりました。それまで身の周りにいたのは、ごく普通のビジネスマンやパパたちだったのが、クリエイティブな仕事をする人々や世の中にパワフルな影響力を持つ人々が、次々と目の前に現れたのです。

あなたが大切にしていた「そこそこ」の暮らしは、もう二度と戻ってきません。嘆いたり懐かしんだりするのではなく、これを機会に、あのときの私がそうだったように、人生をやり直してみませんか?

これからは、いずれにしても、想像していたのと全く違う人生になっていく可能性があります。

歴史を見ても、人生は、戦争、地震、自然災害などで、全く新しい航路へ向かって、大きく舵を切りはじめるのです。

「決断」は、「決める」ことより「断つ」ことが大事

コロナショックに始まる世界の事象に対して、あなたができることはあまりないと思うかもしれません。

でも、あなたにできることがあります。

それは、とにかく変わろう！　と決めることです。

決めるだけで、人生は劇的に変わります。

けれど、多くの人は、何も決めずにただなんとなく流れに乗って生きてきたと思います。

「いつか転職しようと思いつつ、気づいたらもう10年」

「本当は留学したかったけれど、いつの間にか貯金が減ってしまった」

「そのうち結婚するつもりだったが、もう40歳」

人生はあっという間に過ぎていきます。


何も決めないのは、「決める」のが怖かったからではないでしょうか。

投資を例にとってみましょう。投資すると決めれば、どうしても失敗のリスクが発生します。けれど、「もうちょっと勉強してからにしよう」と決断を先延ばしにすれば、財産は減りもしないし、増えもしません。

それと同じで、何かにチャレンジしたくても、「もう少し実力をつけてから」「情報を集めてから」と保留ボタンを押し続けてさえいれば、現状維持という安心感にどっぷり浸っていられます。

こうして「決めない」ことを決めていたから、チャンスに恵まれなかったのです。

ただ、もうすでにリセットボタンは押されました。あなたが押したのではないのです。もう世界全体で、リセットボタンが押されて、その影響がありとあらゆる人の人生を呑み込みはじめたのです。

たとえ一流企業に勤めていても、会社はいつまで続くかわかりません。今が決断するときなのです。


決断力というと「決める」ことに気を取られがちですが、大事なのは、決断の「断」のほう。「断つ」ことです。

たとえば、なかなか結婚を決められない人が時々います。彼らが決断できないのは「後でもっといい人が現れるんじゃないか」というほかの可能性を断ち切れないからです。

その意味では、もう後がない今の時代では、断つことは比較的簡単ではないでしょうか。

これからたくさんの人が仕事を変え、住まいを変え、独立を決意することになるでしょう。

慣れ親しんだ仕事や仲間と別れるのは、つらいかもしれません。でも、新天地でゼロから自分の力を試し、新しい仲間と出会う人生は、きっと今以上におもしろくなると思います。

迷いを「断つ」ためには、スピードも大事です。

私のメンター（人生の師）のひとりである吉田潤喜さん（ヨシダソース創業者）は、アメリカでイチローの次に有名な日本人と言われる人物ですが、吉田さんは、全てを直感で決めるそうです。

「どんな重要な案件も10秒で決める。それは、自分に迷う時間を与えないためだ」と言っています。自分が何をしたいかが明確なので、シンプルで無駄がないのです。

素早く決断する秘訣は、このように自分の人生の価値観や優先順位をはっきりさせることです。たとえば、あなたが「人生はワクワクと楽しむべきもの」と考えているなら、今のような岐路に立たされたとき、自分自身にこう問いかければいいだけです。

「それをやって、本当にワクワクするだろうか？」

実に簡単です。失敗が怖ければ、「何もかもうまくいく」と仮定したうえで、「どちらを選んだら楽しいか？」と考えてみてください。答えはおのずと出るはずです。

大切なのは、どんなときでも自らの意思で選択することです。

自分が全てを決められるという感覚が身につくと、この先同じように予想外のことが起きても、恐れず慌《あわ》てず、立ち向かえるようになるのです。

あなたが変わらなくても、時代は変わっていく

テレワークを導入する会社が増えて、これまでオフィスにいなければできないと思い込んでいた仕事も、「なぁんだ。やってみれば、どこでもできるじゃないか」と気づいた人も多いでしょう。

今後は、学校でもリモート学習を取り入れるところが増えるのではないでしょうか。

ただでさえ、ＡＩ（人工知能）の時代です。同じ自宅学習でも、学校の先生に代わって、超一流の頭脳と指導力を持った「ＡＩ先生」が、３次元のホログラム映像で生徒た

ちの前に現れるかもしれません。そうなったら、教師を職業にしていた人もうかうかしていられません。生徒に人気のない先生は、どんどん出番が減ってしまうからです。

ＡＩ時代になって、私の講演会やラジオ番組などで、参加者やリスナーのみなさんからよく質問されたのが、「失業したらどうしたらいいでしょう?」でしたが、ポストコロナの時代も、こうしたかたちで、さまざまな職業がＡＩに奪われる流れは変わらないでしょう。

つまり「仕事激減時代」は、近い将来、いずれにしてもやってきたということです。


たとえばＡＩ搭載の完全自動運転車ひとつとってみても、ドイツではすでに高速道路でのテスト走行を繰り返している段階で、実用化はもう目前です。そうなれば、やがてドライバーという職業は必要なくなります。

マイカーは、スマホで呼び出すだけで玄関まで迎えにきてくれる。そしてあなたが車を降りれば、今度は自走でタクシー代わりに誰かをピックアップし、勝手にお金を稼いでくれる。車が一日中動き回るとなると、どこかに駐車させておく必要もないので、街のコインパーキングビジネスも成り立たなくなります。

宅配サービスにしても、オンラインで注文を受け、自動走行宅配ロボットがデリバリーすれば、人手なしでも事足ります。ウーバーイーツ（Uber Eats）の配達員という職業も、過去のものになるでしょう。

ＡＩの普及は、従来の技術革新と違い、スキルのあまりいらない仕事や単純作業が機械にとって代わられるだけにとどまりません。専門性が高いとされる知的職業も、例外ではないのです。

医療の分野であれば、患者のレントゲン画像を送信するだけで、ＡＩ技術で集積されたビッグデータのなかからさまざまな臨床例とマッチングされ、瞬時に診断が下されます。その結果、特に問題がなければ、わざわざ高い診察料を払って病院へ足を運ばなくてもいいというわけです。

こうして病院離れが進めば、患者思いで人徳のある医師なら生き残れても、無愛想で居丈高な医師などは学校の先生と同様、淘汰されていくことになるでしょう。

私たちは、変わらなければならない運命だったのです。

これもまた、強制リセットの一環です。一見、残酷な現実のようにも思えます。けれど、これぞ人生を変えるチャンスだと捉えることもできます。

ニューヨーク市立大学のキャシー・デビッドソン教授は、「今の子どもたちの65%が、大学卒業時に、今は存在しない職業に就くだろう」と述べました。

つまり、10年前、ユーチューバーやアフィリエーターなんていう職業はどこにもなかったように、今、あなたがただ好きでやっているような名もなき趣味が、10年後「なりたい職業」のナンバーワンになっている可能性もあるということです。

たとえ今の仕事や職場がなくなったとしても、自分の才能を生かして、いくらでも人生を仕切り直すことができる。これからは、そういう時代です。

業界自体が消滅する時代になった

コロナショックは、大きな変化を私たちに強制しています。恐ろしいことに、仕事だけでなく、業界自体が消滅するような時代になりました。

これから、消滅する業界のことをアメリカのメディアでは、BEACHという頭文字で表しています。

まず、最初は、Bです。ブッキング、つまり予約サイトです。フライト、ホテル、レストランなどの予約は、インターネットでしていました。エクスペディア、じゃらん、一休、楽天トラベルといったサイトで飛行機やホテルを予約していた人も多いでしょう。レストランなら、食べログ、ぐるなび、レッティなどのサイトを参考にして、予約したはず。コンサートやイベントなら、チケットぴあ、ローソンチケット、イープラスなどから手配していたでしょう。

そういうサイトからの売り上げは激減しています。なぜなら、人が旅行に出かけないからです。飛行機も乗らないし、ホテルにも泊まらない。コンサートにも、野球場にも、レストランにも行きません。というか、行けません。そのために、こういうサイトに関係する仕事は、消滅していくのです。

Eは、エンターテインメント。ディズニーランドは、ずっと休園しています。遊園地と呼ばれるものはしばらくオープンできないでしょう。先ほど言った、コンサートだけでなく、セミナー、講演会、パーティーもできなくなります。ライブハウス、映画館も、難しいでしょう。

シルク・ドゥ・ソレイユも、破産しました。

こういう、人が集まることをベースにした産業自体がなくなるのです。

Aは、エア。航空会社です。国際線は、98%も予約が減り、国外に出られないような状態になっています。この夏ぐらいまでには、体力のない航空会社が、どんどん潰れていくことになるでしょう。年末までには、メジャーエアラインは、国有化されることになるでしょう。

Cは、クルーズとカジノです。どちらも、密閉空間です。ダイヤモンド・プリンセスの悲劇を見た後、無料で当たったとしても、怖いと思う人がしばらくいるのではないでしょうか。クルーズだけで、7兆円もの市場規模があるらしいですが、これが一瞬で消えてしまったのです。

Hはホテルです。旅館、民泊もここにあてはまるでしょう。Airbnbも、オーナーの多くが借金をして物件を買っていましたが、彼らもしばらくしたら、破産の憂き目に遭うでしょう。海外からの旅行客がもたらす8兆円とも言われる市場が、消滅しました。

外食産業、タクシー、アパレルなんかも厳しいでしょう。人が外に行かないからです。そういう意味では、これから、自分が働いている業界がまずいと思ったら、そこから脱出する準備をしておきましょう。

これからは、自分の才覚で生きていかなければいけない時代になったのです。

才能は手に入れるものではなく、見つけるもの

「そんなことを言われても、私には、お金になるような才能などありません」とあきらめている人も多いでしょう。でもそれは、野球やサッカーのプロ選手や歌手のような特殊な才能だけを、才能だと思い込んでいるからではないですか?

だとしたら、それはもったいない誤解です。

野球界を例にとってみましょう。日本の野球人口は約1００万人と言われていますが、プロ野球選手は12球団合わせて約1０００人。さらに、1軍のスターティングメンバーは各球団9人ですから、9×12で、たった1０8人です。

「ですから、今活躍している選手は、ずば抜けた才能を持つ天才ばかりなんですね」

先日お目にかかった阪神タイガースの矢野燿大《やのあきひろ》監督は、そうおっしゃっていました。

全体の0・001%くらいしかいないそうした天才と比べて、「自分には才能がない」などと思うのは、プロのアスリートを目指すならともかく、普通の生活をしている私たちには現実離れした考えです。

一般的に必要とされる才能とは、もう少しハードルの低いものなのです。

たとえば、もしあなたが、プライベートで遊びの企画を立てる達人だったり、「イベントをやるから参加して！」などとひと声かければ、友だちが100人集まるようなキャラクターの持ち主だったりするなら、それも才能です。

ほかにも「料理が好き」というのだって、十分一つの才能です。

「いや、こんな独身男がつくる超手抜きメシなんか、誰でもできるでしょう」などと自分を低く見積もってはもったいない。そこまで横着に手抜きして1品完成させてしまえる才能は、あなただけのものかもしれないのです。

今は料理の世界も、プロのレシピより、「主婦の簡単時短料理」のほうが受けがいい〝プチ専門家〟の時代です。ましてや、外食産業がここまで落ち込んだ今となっては、一流シェフになりたいと思う人は少ないでしょうし、みなさんも毎日一流シェフ並みの料理を食べたいとは思っていないでしょう。

インターネットの有料メールマガジンで、あなたの「超手抜き一人メシ」レシピを発信して1万人の会員を集めれば、購読料は1人500円でも、それだけで500万円になります。

やり方次第で、あなたの才能が、あなたの人生を変えてくれるのです。

人生を変えるとは、自分を変えることではありません。

なぜなら、才能は、もうすでにあなたのなかにあるからです。才能は、自分を変えるのではなく、自分のなかから掘り起こし発見するものです。

自分は何が得意なのか、何が好きなのか？

育った場所は？　家庭環境は？　性格的・身体的特徴はなんなのか？　など、まずは自分自身の「棚卸し」を一つひとつしてみることです。それを踏まえて、今ある自分の経験や強みをどう育てていくか、時代の流れに合った自分の人生設計を、戦略的に組み立てていくのが成功の秘訣です。

成功といっても、いきなり起業して時代の寵児を目指せとか、年収ウン億円の大金持ちになれなどと言うつもりはありません。

せっかく新しい人生を始めるのです。これからはもう自分に合わない仕事を嫌々やったり、長時間ガツガツ働いたりしなくていい。それより好きなこと、やりたいことを仕事にして、毎日がワクワクと退屈しない人生を目指してはどうでしょう。

夢や目標は、今の延長線上にはない

では、具体的に、何から始めたらいいでしょう？

まず大切なのは、目標を決めることです。

当たり前のようでいて、実は、多くの人がこれをしていません。

「変わるしかない」とは思いつつも、ゴールをはっきり決めていないから、結局、日々のルーティンに忙殺され、身動きできないのです。

5年後、自分はどうなっていたいのか？　ビジョンを明確にしましょう。

会社に身を置きつつ、今仕事をしている分野で揺るぎないプロフェッショナルを目指すもよし、新規事業を立ち上げるもよし。独立してフリーランスで働くなり、起業するなりの自由な生き方を選ぶのもいいでしょう。

次に大切なのは、この際、夢や目標は大きく持つことです。

これまでの、いつもの日常を思い起こしてみてください。

毎朝、同じ時間に起きて同じ電車に乗り、いつもと同じ仲間や取引先と同じ段取りで仕事をし、同じ店でランチをして、同じ味のコーヒーを飲む……。

このように、脳は連続性を持っていて、昨日と同じことを繰り返す習慣があります。

そのため、未来の成功を思い描くときも、今の延長線上にある想定内の夢や目標ばかりを考えがちです。たとえば100人の顧客を倍に増やせば成功とか、500万円の年収が600万円になれば成功、などという具合です。

かつて、会計事務所をやっていた頃の私もそうでした。目標といえば、「クライアントを、今の100人から200人に増やすぞ」など、やたらと現実的でした。

けれど、そうした目標は単に、時給1200円から1500円を目指すようなもの。忙しくなるだけで、置かれたポジションはたいして変わりません。驚くようなアイデアやケタ違いの業績には、なかなか結びつかないのです。

目指すべきは、目先の利益ではありません。時給換算をやめ、仕事や働き方そのものをダイナミックに変えていくことなのです。

想像できないものは、実現しない

時代の大転換期に必要なのが、過去の成功事例や固定観念にとらわれない発想力、つまりクリエイティビティです。

私の友人の一人、バーネット・ベイン氏は、ロビン・ウィリアムズ主演の映画『奇蹟の輝き』（アカデミー視覚効果賞）の製作を担った映画監督兼プロデューサーです。

華やかなハリウッドの業界人でありながら、コロンビア大学の教師も務める知的な人で、その彼がアメリカのビジネスマンを対象に「創造性の引き出し方」をテーマにしたワークショップを開き、好評だと聞きました。

彼と奥さまの二人を招いて東京でセミナーをやったとき、400人が一瞬で集まりました。アーティスト系の方も多く来ていましたが、ごく一般の人もいっぱい参加していました。

創造性＝クリエイティビティといえば、アーティストの専売特許だと思われがちですが、なぜ普通の会社員がこうした講座に飛びつくのでしょう？

その理由は、やはり時代の変化のなかで、今後の人生をどう創造するかを真剣に考える人が増えているからではないでしょうか。

ベイン氏によれば、創造力を引き出すカギは、イマジネーション、つまり想像力にあるのだそうです。

「人間が想像できるものは、人間が必ず実現できる」と言ったのは、『月世界旅行』を書いたフランスの作家ジュール・ヴェルヌです。

逆にいえば、人は想像できないものを、創り出すことはできないということです。

たとえば、あなたが今想像できるのが「部長になった自分」だとすれば、部長にはなれても、社長にはなれません。「時給1500円になった自分」しか想像できなければ、何億円も稼ぐ大富豪にはなれません。

「想像」できなければ、新しい人生を「創造」できないのです。

だからこそ、想像力を鍛えて、自分のなかに可能性の引き出しをたくさんつくっておくのが、今とは違う人生を切り拓くための第一歩なのです。


あなたも、イマジネーションを使って、世界を広げてみましょう。

もしどこでも好きな所に住めるとしたら、あなたはどの国のどんな場所で、どんな生活をするでしょうか?

もし今の職業に就いていなかったら、何をしているでしょうか?

もし自由に使える10億円があったら、何をしたいですか?

自分とは全く別の職業や立場の人など、普段つき合うことのない人と積極的に会い、「もし自分が彼だったら?」と自分の未来の姿を重ね合わせてみるのもいいでしょう。

さまざまな「もしも」を、想定してみてください。

こうしてイメージをふくらませることで、私たちはいつもの小さな箱からポンと飛び出すことができるのです。

一歩外へ出てみれば、

「本当は、あの国に行ってみたかった」

「途上国で開発援助の仕事がしてみたかった」

など、これまで意識していなかった夢や目標があぶり出されることもあるでしょう。

いったんビジョンが見えれば、ネットで現地の様子を調べたり、行くとしたら何が必要かを書き出したりと、興味がどんどん広がるでしょう。そうすることで、いつもと違う回路がオンになり、何か新しいインスピレーションが湧くかもしれません。

想像力は「どうせ無理」とか「バカバカしい」などの現実的思考でブロックされてしまいます。これはトレーニングだと自分に言い聞かせて、意識してやってみるといいでしょう。

「無理！」なことほど、やるべき価値がある

2019年6月。私が英語で書き下ろした本『happy money』（米国サイモン&シュスター社）が、アメリカ、イギリス、オーストラリアを皮切りに、最終的には、世界40カ国で発売される予定です。

日本語で書かれた本が翻訳されて海外で出版されることはあっても、最初から英語で執筆した日本人作家は、自己啓発の分野では、あまりいなかったと思います。「新渡戸稲造の『武士道』以来の快挙」と言ってくださった方もいます。

それまでずっと日本語で書いてきた本を英語で書く日がくるとは、以前の私は想像もしていませんでした。

ところが、ある日突然、想像力のスイッチがオンになったのです。

セミリタイア生活から一念発起し、デビューして十数年。『ユダヤ人大富豪の教え』や『20代にしておきたい17のこと』をはじめとしたシリーズなど、これまでの私の著書

は150冊を超え、累計発行部数も800万部を突破しました。

世界のベストセラー作家や講演家などが参加するTLC（変革リーダーシップ評議会）という会の正式メンバーにも選ばれ、作家としてノッテいる感じでした。

そのTLCの会議に参加したときのことです。

そこにいたのは、『こころのチキンスープ』（ダイヤモンド社）のジャック・キャンフィールド氏や、『ベスト・パートナーになるために』（三笠書房）のジョン・グレイ博士など、錚々たる作家たちでした。しかも英語圏に住む彼らは世界がマーケットですから、印税だけで毎月1億円以上を稼ぎ出すような〝超〟が何個もつくような大ベストセラー作家です。

私の累計発行部数800万部という数字など、「そこがスタートだね」と優しく励まされるくらいです。

上には上がいるもので、そういう人が目の前にいるだけで、「そうか。本って、何億部も売れるっていうことがあるんだ!!」と初めて思いました。もちろん、知識としては知っていましたが、そういうことができるということをリアルには感じていませんでした。

人生を変える瞬間は、ある日突然訪れる

それはともかく、そこである外国人の作家からこんな言葉をかけられたのです。

「君も英語で本を書いてみたら？」と。

「いえ、とんでもない！　無理、無理。無理ですよ」

それが、私の最初の反応でした。私の語学力など、若い頃にラジオ英会話で学んだだけの自己流です。会話だけならなんとかなっても、英語で原稿を書くなど「めっそうもございません！」としか言いようがありませんでした。

ところがそのとき、口では否定しつつ、心がザワッとしたのです。

「英語で本を書く」という言葉が、私の想像力を刺激してくれたのでしょう。

「ちょっと待てよ。もしかすると、全く不可能というわけじゃないかもしれないぞ」

そこからはイメージがワーッと広がっていきました。自分が海外のメディアからインタビューされる様子や、世界中を飛び回っている姿がはっきり浮かんだのです。

私が「世界的なベストセラー作家になる！」という大きな夢を描いたのは、それが

きっかけでした。そして数年後、その第一歩となる書籍『happy money』の出版を実現させたのです。

人生を変える瞬間は、そんなふうに訪れます。

「無理、無理」と感情的に反応したのは、実はそれが、「自分が内心やってみたかったこと」だったからかもしれません。「無理」の裏には、往々にして未来の目標のヒントが隠されているものです。

「今度、業界のシンポジウムで講演してくれない？」

「君がチームリーダーになればいいのに」

「そこまで研究したなら、ぜひその分野で起業すべきだ」

そんな誘いや提案を受けた経験がある人も、いるでしょう。

少々むきになって「またご冗談を」「無理、無理！」と断ったとしたら、それがあなたの進むべき道なのかもしれません。

無理せずにできることばかりをやっていたら、いつまでたっても箱の外へは出られません。無理なことほど、やるべき価値があるのです。

Chapter

2

才能を見つけ、天職を生きる

やる気を出さなければ
やれないような仕事は、
本当は、あなたがやるべき
仕事ではありません。

Keyword

「やる気」が必要ない世界で生きる！

「やらなきゃ」と思っても、なかなか行動に移せない。

仕事のことを考えると、朝から気持ちが萎《な》える。会社へ行くのがつらい……。

そんなとき、あなたはどうしていますか？

「やらなきゃ、上司に叱責される」「減給される」

と自分を脅して、なんとかやる気をかき立てようとする人もいるでしょう。

「これさえやれば、週末ゴルフに行ける」「後で一杯やれる」

とご褒美を設定して、やる気アップを図っている人もいるかもしれません。

けれど、やる気って、そんなに必要なのでしょうか？

朝起きた瞬間から、やりたくてウズウズする。

それをやること自体がご褒美で、生まれ変わってもまたやりたい。

そんな大好きな仕事があれば、そもそも最初からやる気は必要ないと思いませんか？

今やっている仕事が、自分にとっての「天職」かどうか？

それを知るためのキーワードは、やる気です。やる気を出さなければやれないような仕事は、本当は、あなたがやるべき仕事じゃないのです。


大切なのは、やる気を出すことではありません。

最初からやる気を出す必要のない仕事と出合うことなのです。


そのことを教えてくれたのは、アメリカの作家、ドクター・ジョン・F・ディマティーニでした。彼は人間行動学と自己啓発のスペシャリストです。

独自の成功と幸せのメソッドを開発し、それを本に書き、またセミナーや講演会を通して世界中の人に伝えています。

ディマティーニ博士が、現在のその仕事を「天職」だと決めたのは、17歳のときだったそうです。

ある日、「自分がやりたいのは、これだ！」と直感的にひらめき、以来その道一筋に邁進《まいしん》することで今の地位を築き、成功をおさめたのです。

「私はただ、心の底から楽しくてワクワクすることをやっているだけです」

そう語る博士は、逆にやる気を出さないとやれないようなこと――彼にとってそれは、家事や車の運転、領収書の整理など――は人に任せて、自分ではいっさいやらないと、それはもう徹底していました。

自分なら嫌々やるしかないことも、それが好きで得意な人に頼めば楽々進むし、頼まれたほうも喜んで引き受けてくれるからです。

そんな働き方ですから、当然、ストレスとは無縁です。だからでしょうか。私が出会ったときは50代後半だったはずですが、せいぜい30代くらいにしか見えないほど若々しく快活で、エネルギーに満ちあふれた人でした。

子どもの頃は、誰もが「あのブランコに乗るためにやる気を出そう」などとは考えません。「乗りたい！」とインスピレーションが湧いたときには、もうワーッと走りだす。

そんな生き方をしていたはずです。

仕事もあんなふうに無邪気に楽しめたら、生涯飽きることはないでしょう。

そして、がんばらなくてもどんどんアイデアが湧き、「次は何をしようかな？」と、常にチャレンジャーでいられるはずです。

あなたも、この「仕事消滅時代」をきっかけに、「天職」を探す旅に出ましょう。

誰でも必ず「大好きなこと」がある

「好きなこと、やりたいことはなんですか？」

そう質問すると、案外答えられない人が多いものです。

けれど、本来、好きなことがない人は一人もいないはずです。見つからないとしたら、それは探し方を知らないからではないでしょうか。

まず、好きなことは、特定の職業ではありません。サッカー選手、パイロット、映画監督、バイオリニスト……など、好きなことをすでに名前のついた職業と結びつけようとするから、「いや、いや。そんな才能ないしなぁ」と、何も出てこなくなるのです。

好きなこととは、日常のなかでもっと感覚的に感じるものです。

「人前で話すのが好き」

「高いところが好き」

「数字を見ているとワクワクする」

「酸《す》っぱいものが好き」

「コーヒーの香りなら一日中嗅《か》いでいたい」

でもかまいません。私の知人のなかには「トイレをピカピカに磨きあげるのが、楽しくて仕方ない」という人もいます。

今はまだ、それがなんの職業に結びつくのかわからないようなことでいいのです。

『人生がときめく片づけの魔法』（サンマーク出版）の著書で知られる近藤麻理恵さんは、幼い頃から片づけが大好きだったといいます。なんと5歳にして主婦雑誌を愛読し、いらない物を捨てたり整理整頓をしたりするのが、楽しくてやめられなかったそうです。

ただ片づけが好きというだけの女の子が、将来大ベストセラーを生み、「世界で最も影響力のある100人」（2015年／米『タイム』誌）の一人に選ばれるなど、誰が予測できたでしょう。

自分の「好き」な気持ちを「つまらないこと」と切り捨てないことです。

その「つまらない」ことが、将来、情熱の発火点になることがあるのです。

好きなことを探す3つのヒント

では、好きなことはどうやって探したらいいでしょう?

1つ目のヒントは、自分が「自然と意識が向くもの」「自然とお金をかけてしまうもの」「自然と時間を使ってしまうもの」にあります。

たとえば本が好きな人は、書店を見れば自然と入りたくなるでしょうし、本を買うお金なら惜しいとは思わないでしょう。カバンのなかには、いつも何かしらの本が入っていて、ちょっとでも時間があれば、読書しているのではないでしょうか。

ユーチューブを観ている人も多いと思いますが、そこにもヒントがあるはずです。

動物の動画ばかり観てしまうとか、車関係の動画ばかり観てしまうなど、単なる暇つぶしのつもりかもしれませんが、興味があるからハマるのです。自分では気づかなくても、その視聴履歴に、あなたの好みの傾向がはっきり表れるものです。

2つ目のヒントは、逆にネガティブな感情に隠されているものです。

たとえば、無用な森林伐採のニュースに、以前にも増して怒りや悲しみを感じたとすれば、あなたは自然や樹木が大好きなのかもしれません。

友人が撮影したベストショットに、なぜか嫉妬や競争心を感じたとしたら、実はあなたも写真やカメラが好きで、やってみたかったことかもしれないのです。

3つ目のヒントは、あなたが「人からよく頼まれること」のなかにあります。

たとえば、「銀座でおいしい焼き鳥屋さん知らない?」「横浜で接待に使える店を教えて」など、同僚や友だちから、グルメ情報をよく聞かれる人はいませんか? それは、あなたが食べ歩きが好きで店情報に詳しいことを、周囲の人が知っているからです。

同じように、結婚式の2次会の司会、パソコンの設定や修理、社内旅行の幹事など、あなたにしょっちゅう声がかかるのは、「この人に聞けばわかる」「この人に任せれば安心」と周囲から認められている証拠です。

本人は簡単にできることだから、気軽に引き受けているだけだと思っているかもしれません。でも、まさにそれがあなたの好きなことなのです。

「才能」のかけ算でブレイクする

ただ、好きなことが、すぐに仕事に結びつくわけではありません。

「好き」という気持ちは、才能の種《たね》です。花が開くまでには、ある程度時間がかかります。水をやり陽《ひ》に当て、種を育む努力が必要なのです。

猫が好きで写真も好きな人が、たまたま飼い猫のかわいいショットを撮れたとしても、それは単なる〝奇跡の1枚〟にすぎません。

それを仕事にするには、奇跡ではなく、最低でも打率3割で「誰が見てもかわいい」猫の写真を撮らなくてはいけません。猫のいい表情を引き出せるオリジナルのテクニックを編み出せるまで、コツコツ努力し続けるしかないのです。

友人のある女性は、もともと猫ならぬ、女友だちのポートレートを撮るのが好きでした。彼女に撮ってもらうと「1割、2割増しで美人に写る」と評判で、よくSNSのプロフィール写真などの撮影を頼まれていたそうです。

そのうち口コミで友だちの友だちからも依頼されるようになり、タダでは申し訳ないと、撮影料をもらえるようになりました。彼女には、女性を美しく撮る秘策があったわけです。そこでホームページをつくってそのテクニックを紹介したところ、これがまた話題となりました。そして今度は、その技術を教えてほしいと講師を頼まれ、やがて本を出版するまでになりました。

自分を信じてやり続ければ、必ず誰かが見てくれるものです。

ここでさらに才能を開花させ、成功するコツをお伝えしましょう。

それは、自分の才能を生かした専門分野を1つ極めたら、サブとして最低でももう1つ、できればそれ以上の専門を持つことです。

2つ目の専門分野は、趣味や特技でもかまいません。

たとえばあなたの本業が営業で、写真も得意だとしましょう。営業ついでにサービスでお客さんのポートレートを撮ってあげるうちに、それが喜ばれて顧客が増える可能性は十分あると思いませんか？

私自身にも、そんな体験があります。作家になる前、私の本業はコンサルティングでした。多くのクライアントを抱えて、仕事も楽しく順調でした。

ところが、離婚をきっかけに精神的にドンと落ち込み、それまで論理的にものを考えるのが得意だったのが、初めて自分の内面や感情に目を向けるようになったのです。

心理学や自己啓発の本を読みあさり、さまざまなセラピー（心理療法）を自分でも受け、研究に打ち込むようになりました。自分が抱える問題をなんとか解決しようと真剣だったので、その分野にかなり詳しくなりました。

すると、結果的にそれが私の2つ目の専門分野になったのです。

会計やコンサルティング業務の知識と、人の心や感情に関する知識。

この2つのかけ算で、当時の私は「経営者のプライベートな悩みまで見抜き、アドバイスできるコンサルタント」という独自のポジションを手にしたのです。

ビートたけしさんとデヴィ夫人の共通点

芸能界でいえば、たとえばビートたけしさんは、お笑い芸人でありながら映画監督で、俳優で、作家で……と複数の専門の持ち主です。世の中に芸人さんは何人といても、ここまで多彩な才能を持つ人はビートたけしさん、ただ一人でしょう。

デヴィ夫人もそうです。夫人はもともと知名度抜群でしたが、そこに「ユーモア」というもう一つの才能がかけ合わされることで、若い人からお年寄りまで全ての年代から愛される存在になりました。

どうやら出川哲朗さんと番組でタッグを組んだことで、それまで隠れていた彼女のコミカルな側面が引き出されたようです。社交界のセレブは世界中に

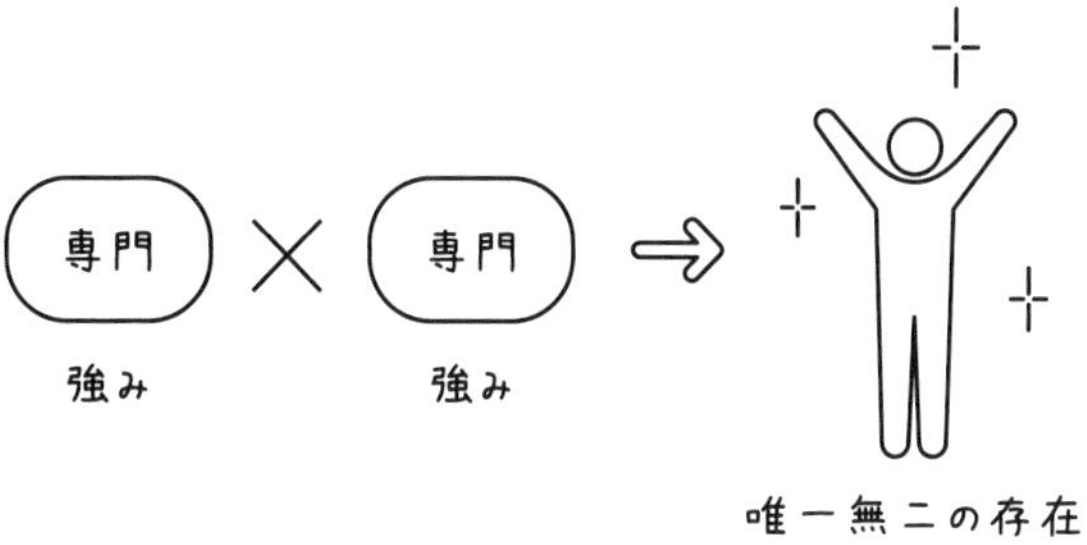

数多くいますが、あそこまで人を笑わせ、楽しませてくれるセレブはデヴィ夫人くらいでしょう。

才能のかけ算とは、唯一無二の存在になるということです。あなたが「あなた」という市場を独占できるということです。これほどの強みはありません。

特に、失業者があふれていく時代は、誰もが仕事を求めることになります。

1929年に始まった世界大恐慌の時代がそうでした。街には「なんでもやります」というプラカードを掲げた人々が、少ない仕事を奪い合いました。

「なんでもやります」という人は、とにかく生活していくのに必死ですから、最低賃金でも仕事を引き受けようとするでしょう。そんななか、ほかの人にはないこうした強みがなければ、あなたもまた、低い賃金で使われてしまうだけです。

自分の才能を見つけて磨いていくことは、あなたが生き延びるためにも必須なのです。

「違う」と感じたら、居場所を変える

以前から今の仕事を「天職」と感じられなかった人は、そこから動くことを考えてみてもいいでしょう。いくらやっても失敗続き。毎日会社へ行くのがストレスで、胃がキリキリ痛むほどだとすれば、その仕事は、あなたに合っていなかったのです。自分で起業するのはリスクが高いとしても、転職や、ほかの部署に異動できるように人事にかけ合ってみてはいかがでしょう。

ノーベル賞を受賞した山中伸弥教授は、もともとは整形外科医として関西の大病院で働いていたそうです。けれど、手先が不器用だった教授は、手術が大の苦手でした。ほかの先生がやれば15分で終わるような手術も2時間かかってしまう始末で、指導医からは「おまえはホンマ邪魔や。ジャマナカや」と怒られてばかりだったそうです。

このままでは患者さんに迷惑をかけてしまう……。そう考えた山中教授が選んだのは、臨床医をあきらめて研究の道に進むことでした。

教授がそのときもし臨床医を辞める決意をしていなかったら、人類を救うiPS細胞をつくる技術は開発されなかったのです。

「仕事がつらいのは当たり前」「すぐに逃げ出すのは負け犬だ」

親や先輩から言われたそんな言葉が、引っかかっている人もいるかもしれません。

でも、本当はほかに才能を生かせる場があるのに、同じ場所にとどまっているほうが、人生から逃げていることにならないでしょうか。

経理や事務の仕事でくすぶっていた人が、営業に異動したとたんに水を得た魚のように輝くこともあります。時計をチラチラ見ながら「早く終わらないかなぁ」と考えながら働いていた人が、居場所を変えたとたん、会社に行くのが楽しくて「まだ家に帰りたくない」と、時間を忘れて仕事に没頭できるようになることもあるのです。

私自身、作家になってからは、毎日が楽しくてワクワクの連続です。

新しい本のアイデアを思いついたらすぐ書きはじめているし、「書かなきゃなぁ」と思いながらグズグズしていたことは、ほとんどありませんでした。

好きで、やりたくて仕方ないことだから、自然に体が動いてしまうのです。

こんな楽しくて面白い世界があることを、ぜひあなたにも知ってほしいと思います。

まだ誰も泳いでいない「ブルーオーシャン」を探す

そんな私ですが、作家としてすんなりデビューできたわけではありません。

その前に、ある壁にぶつかったのです。それは、「前例がない」という壁でした。

どういうことなのか、説明しましょう。

私が長年あたためていたテーマは、「お金と幸せ」についてでした。

父が税理士だった関係で、幼い頃から、お金のことで一喜一憂する大人たちを身近に見てきました。「人はなぜ、お金持ちになったり、ならなかったりするのだろう?」。その素朴な疑問は、成長してからも消えませんでした。

やがて20歳になった私はアメリカへ渡り、多くの実業家やアーティスト、大富豪たちに個人的にアポイントを取り、成功の秘訣を聞いて回りました。

そして、彼らとの交流のなかで気づいたのが、「お金持ちのなかにも、幸せな人と不幸な人がいる」という事実でした。

好きなことを仕事にして大成功し、家族や友人たちに囲まれて日々穏やかに楽しく過ごす人もいれば、莫大な富を築いても人を信じられず、失意と孤独のうちに生涯を終える資産家もいるのです。

そこでひらめいたのが、「お金と幸せ」というテーマでした。

単なるお金儲けのノウハウなら、私でなくても、もっと専門的に語れる人はいくらでもいるでしょう。でも、「幸せなお金持ち」になるための方法を教えてくれる人は、まだどこにもいなかったのです。

ところが、たまたま出会った出版社の編集者の第一声は、「それじゃ、売れないですね」でした。

出版の世界では、「お金」は経済分野、「幸せ」は心理や自己啓発分野と、まったくの別ジャンルと捉えられていました。その2つが混ざった内容は読者にアピールしにくく、実際その手の本は1冊もない、つまり「前例がない」というのがその理由だったのです。

前例がないからこそ、やる価値があると考える人もいるでしょう。でも、前例がないから、やってもどうせ失敗するという考え方もあるのです。これは、新しく何かを始めようとしたとき、誰もが一度はぶつかる壁なのかもしれません。

「前例がない」と言われたとき、どう行動するか？

そこで思い出したのが、ビジネスセミナーなどでよく引用される「アフリカで靴を売る」という物語です。

2人の営業マンがアフリカ（架空の某国）で靴を売ろうとするのですが、現地へ行くと、そこでは誰もが裸足《はだし》でした。彼らには、靴を履く習慣がなかったのです。

それを見て、一人の営業マンはこう言います。「ダメだ、これじゃ靴など売れるはずがない」。そしてもう一人は、「やった、売り放題じゃないか！」とにっこり微笑みました。

さて、成功するのは、どちらのセールスマンでしょう？


靴の存在すら知らないのだから、そこに市場はないと考えるのか？　見込み客だらけの無限大の市場と考えるのか？

私は「アフリカでも靴は売れる」と信じる、後者のセールスマンのタイプでした。

前例がないということは、まさに、そこに手つかずの市場があるということです。

たとえ相手が靴を履いたことのない人でも、その便利さや履き心地のよささえ伝われば、靴は必ず売れるはずです。

「幸せなお金持ち」というコンセプトの本も、実際、お金と幸せの両方を手にできる方法があると知れば、「読んでみたい」と思ってくれる人は必ずいるはずです。


それを証明するために、私は、ユニークな方法をとりました。本の内容のダイジェスト版を自分で小冊子にして、身近な知り合いにプレゼントしたのです。読んでくれた人が「自分の友人にも読ませたい」と言えば、喜んで、何冊でも無料でさし上げました。

当時はツイッターなどない時代でしたが、私の「幸せなお金持ち」のアイデアは、プレゼントというかたちで、人から人へどんどん広がっていったのです。

そして、配った数が10万冊に達したとき、「前例がないから売れない」と言った言葉に反して、執筆依頼がきました。出版社が動いたのは、最低でも10万人の読者ニーズがあることを、冊子の部数が裏付けてくれたからでした。

こうして出版されたのが、私のデビュー作『幸せな小金持ちへの8つのステップ』（ゴマブックス）でした。

18年後の現在では、同テーマのほかの拙著も含め、累計800万部を売り上げました。ほかの人が着目しなかった所に、約100億円以上の市場があったということです。

市場調査に頼らないことで有名だったスティーブ・ジョブズは、かつてこう言いました。「人はみな、実際に〝それ〟を見るまで、〝それ〟が欲しいかどうかなどわからない。私たちの仕事は、歴史のページにまだ書かれていない事柄を読み取ることだ」と。

どんな分野でも「ブルーオーシャン」、つまり、まだ誰にも知られていない未開拓の市場があるはずです。あなたも、自分らしさを存分に発揮した「天職」で、この爽快な青い海を泳いでみませんか？

人生の先輩をランチに誘って知恵を聞き出す

翻訳されて海外で発売された私の本の1冊は、『お金持ちとランチに行け！』というタイトルがつけられました。比喩的な表現ですが、「成功したければ、すでに成功している人に直接会って教えを請おう」という意味を表しています。

メンターと出会うことも、その一つです。

日本ではあまり使われない言葉ですが、メンターとは、師匠や指導者のことをさします。登山でいえば、ビーチサンダルで散歩していて、気づいたらエベレストに登頂していた、などという人はいません。

険しい山を極めるには、やはり、食料や装備、天候の見方や安全なルートの選び方など、多くの知識が必要で、そうした知識を授けてくれる人がメンターです。

知識だけではありません。そもそも登山とは何か？　の深遠な哲学や、山を通じていかに人間性を磨くかなど、メンターが人生そのものを導いてくれることもあります。

いくら自分では「これが天職だ」と思っても、やり方や方向性が間違っていれば、なかなか才能を生かせません。手探りで試行錯誤をするより、それこそランチにでも誘って先輩の知恵を聞き出してしまったほうが、ずっと短時間で答えに到達できるのです。

私自身、今があるのは、多くのメンターとの出会いのおかげです。

一人のメンターが、自分の人脈のなかから有力な人を紹介してくれることもよくありました。

「今、私のところにおもしろい若者がきているんだよ。一度会ってやってくれないか？」

と、その場で相手にアポイントを取ってくださったこともあります。

たいていの成功者は人を育てることを喜びとし、こんなときは惜しまず応援してくれるのです。

そのなかの一人に、「はじめに」でも挙げた竹田製菓（現・竹田本社）創業者の故・竹田和平さんがいます。和平さんといえば、「日本一の個人投資家」と呼ばれた方です。見るからに福々しい好人物でしたが、今でも不思議に思うのは、お会いするたびに、私にも福が回ってくることでした。

名古屋の和平さんのところから帰る新幹線の車中で、なぜか必ず、私の本のどれかが増刷されるという、うれしいメールが届くのです。

和平さんから学んだのは、「人を喜ばせれば、必ず自分にも喜びが返ってくる」という人生哲学でした。私が「おかげで今、こんなテーマに取り組んでいます」と自分の成長を報告したことが、まさにメンターである和平さんを喜ばせ、その喜びが、たくさん返ってきました。

素晴らしいメンターと出会うと、「あの人に喜んでもらえるような自分」になりたいと強く思います。その思いが、仕事をするうえでの大きなモチベーションとなることは間違いありません。

凡人とばかりつき合っていても、才能は開花しません。尊敬できるメンターと出会いましょう。人生の質が変わり、未来が変わります。

「メンターになってください」はいつ、どう言うか？

では、誰をメンターにしたらいいのでしょう？

いきなり京セラの稲盛和夫さんやソフトバンクの孫正義さんに弟子入りしようとしても、それは無理というものです。

まず、周りを見渡してみてください。職場の先輩、上司、取引先、定年退職をした元上司などに、憧れる人、尊敬する人はいませんか？ 自分が属する業界に詳しい評論家や起業家、憧れの実業家や愛読する本の著者などをメンター候補とするのもいいでしょう。

ただし、一面識もないのに、ＳＮＳで「メンターになってください」などとアプローチしても、常識を疑われるだけで相手にしてもらえません。

若い頃、私がよくやっていたのは、見込んだ方の講演会やセミナーに足繁く通うことでした。

いちばん前の席に座って熱心にメモを取り、質問コーナーでは必ず真っ先に手を挙げました。ここで鋭い質問ができれば相手にいい印象が残せますから、事前に必死になって質問の中身を考えて、行ったものです。

講師の立場で助言させていただければ、こんなとき、されてうれしいのは、「そうそう、それが言いたかったんだよね」と、言葉にならなかった思いを、逆に気づかせてくれるような質問です。

すると、たいてい質問者の顔が記憶に残るものですから、会が終わったら、その記憶が消えないうちにサッと講師のところへ挨拶に行きましょう。そこで簡単な自己紹介ができれば、理想的です。

起業家がひしめくアメリカ・シリコンバレーでは、「エレベーター・トーク」といって、キーパーソンが乗ったエレベーターに乗り込み、到着階に着くまでの1分間でプレゼンするというビジネス文化があるそうです。ときには、1分間で数億円の出資が決まるなど、とんでもないサクセスストーリーも生まれるといいます。

講師に自己紹介をする場合も、短い時間でどう自分をアピールできるかが勝負です。

私がおすすめしたいのは、相手が喜びそうな情報を何か一つ提供することです。

たとえば、中国に興味がある人なら、「実は僕、中国に3年間住んでいたんです。今度30分だけお時間いただけませんか?」のひと言が効くでしょう。

そのためには、事前に相手についてリサーチしておくことが大切ですし、自分の「売り」は何かを知っておかなければなりません。

今の例のような海外経験でもいいし、手がけている仕事のプロジェクトの話でもいい。相手の興味を引きそうであれば、趣味を自分の売りにしてもいいのです。

メンター候補になるような成功者は、一期一会のチャンスを見逃しません。「彼、おもしろいかも」と感じれば、かなりの確率で時間をつくってもらえるでしょう。

アプローチには、多少の図々しさも必要

運よく食事に誘えるような機会があったら、そこでも自分の売りを忘れないことです。相手は接待には慣れっこなはずですから、背伸びして高級レストランを予約する必要はありません。「早稲田に行列のできるかつ丼屋があるんです。ぜひご馳走させてください。僕が列に並んでおきますから」などと、自分のテリトリーで勝負したほうが好感を持てるし、相手の心も動かしやすいのです。

メンター候補のなかには、分刻みのスケジュールで動く超多忙な人もいるでしょう。そんな人にアプローチするには、時間が空《あ》くのを待つのではなく、自分から時間を創り出すことです。

こんな経験があります。世界的ベストセラーで有名なバーバラ・ピーズさんと、最初に個人的にコンタクトを取ったときの話です。

きっかけは、彼女が来日したときのパーティーに出席させていただいたことでした。

最初は話しかけることすらできませんでした。なにしろ大勢のファンが、彼女と握手や写真を撮るために順番待ちをしているのです。

しかも、一人に与えられる時間はせいぜい30秒程度。やっと順番が回ってきた私にも、当然そのくらいの時間しか許されませんでした。

けれど、私がその30秒でやったのは、握手や写真ではなく、「後で5分だけ時間をくださいませんか？」と交渉することでした。その5分も難しいと言われるのを、「そこをなんとか」と、さらに食い下がりました。

すると提案されたのは、「この後帰国するから、あなたが成田空港まで送ってくれるなら、車のなかでお話ししましょう」でした。

こうして私は、与えられた30秒を、成田までの1時間半の時間に変えたのです。メンターにアプローチするコツは、多少の図々しさと情熱だとわかりました。

人生最大の失敗は、失敗しないように生きること

「天職」と出合えば何もかもが思い通りかといえば、そんなことはありません。

若い頃、メンターの一人から教えられたのは、「失敗をたくさんしなければ、成功もできない」ということでした。たとえその場は三振にたおれたとしても、バットを思いきり振った者だけが、やがてヒットやホームランを打つことができます。

多くの人は、失敗したくないから、見逃しの三振をしてしまいます。

ひょっとしたら、自分が見逃し三振でアウトになっていることすら知らないかもしれません。

失敗を恐れて挑戦しないことが、人生最大の失敗なのです。

「いいかい。最期に『平凡だったが、大過ない人生でした』なんて言って死ぬんじゃないよ。『いろいろあったが、とにかくおもしろかった』、そう言える人生を歩みなさい」。

その言葉は、この30年、ずっと私の生きる指針でした。

ですから、常に挑戦の連続でした。

時々、「失敗が怖くないですか？」と聞かれます。

自分にとって、途中の失敗は失敗だと考えていません。ちょっとした回り道だと考えているので、いちいちへこんだりはしないのです。

高い山を見れば、やっぱり登ってみたくてワクワクします。人生では、本当の登山と違って、失敗してもべつに命を落とすわけではありません。全財産を失うわけでもないし、万が一そうなったとしても、それは「破産して気づいた17のこと」などという本をおもしろおかしく書くチャンスかもしれません。失敗の先には必ず次の扉が開かれると思えば、それもまた楽しみなのです。

失敗は成功のためのケーススタディ

エジソンは、電球を発明するのに1万回失敗したといいます。1万回とは、フィラメントに適した材料を見つけるためのトライ&エラーの数で、彼は、木綿糸から友人のヒゲにいたるまで、それこそありとあらゆる材料を試しては失敗を繰り返しました。

けれど、失敗するたびに「ああ、これもダメだった」と落ち込んでいたかといえば、そうではなかったでしょう。「次は何を試そうか」とワクワクしながら、チャレンジの過程を楽しんでいたはずです。


その証拠に、後にエジソンは、こんな言葉を残しています。「私は今まで一度も失敗したことはない。この素材では電球が光らないという発見を1万回しただけだ」と。

そして、たまたま部屋にあった土産物の中国製の扇子の竹を試したところ、ついに念願だった長時間発光に成功したのです。

ちなみにフィラメントの竹は、その後日本の真竹を使うことでさらにパワーアップし、実用化への道が開かれました。

成功するまでやめなければ、失敗は、失敗ではなくなるのです。

ただし、一生懸命がんばればそのうち成功するというわけではありません。失敗には、必ず理由がありますから、それを徹底的に検証することも大切です。

たとえば、売れないセールスマンの、売れない理由はなんでしょう？

答えは、
①説明がヘタだった
②ニーズがなかった
の2つです。特に②は、当たり前ですが、大事なポイントです。

車なら先月買い換えたばかりの人に新車は必要ないし、軽自動車が欲しい人に、高性能なスーパーカーが売れるはずはありません。

つまり売れないのは、事前のリサーチ不足なのです。

エジソンふうにいえば「リサーチ不足だった自分を発見した」わけで、それがわかれば、次にやるべきことはもう決まっています。

ニーズがなくて売れないということは、裏返せば、ニーズがあれば必ず売れるということです。ただ闇雲に飛び込みセールスをするのではなく、まずはニーズ探しに焦点を絞ってもう一度スタートラインに立つだけです。

このように、失敗は、成功のためのケーススタディともいえます。

顧客からのクレームには、次の商品開発や事業成長のヒントが隠されているかもしれません。200万円の損失は、将来の1億円の損失を防ぐノウハウ構築のチャンスなのです。

落ち込んでいるひまがあったら、どうしたらそれを次に生かせるか考えましょう。そうすることで、失敗は、成功への単なる過程になるのです。

未来は「レーティング社会」になる

一人ひとりが自分の「天職」を見つけはじめると、社会での働き方も変わるでしょう。

それぞれのプロジェクトごとに必要なエキスパートが招集され、目的を達成したら解散する。そんなプロジェクト型の働き方が、これからの主流になるはずです。

そうなれば、一人の人が複数の会社のプロジェクトに参加するなど、組織を隔てる壁は消え、一つの会社に机を置く必要もなくなります。仕事の内容に応じて、一日のうちで働く時間を自由に選択できるようにもなるでしょう。

こうした多様な働き方をする時代に必要とされるのは、誰がどんなスキルや経験を持っているかを知るための客観的な情報です。

そこで始まりつつあるのが、個人に対するレーティング（格付け）です。

「食べログ」の評価を見て、どの店へ食事に行くかを決めるように、私たち一人ひとりも「彼は3・0だからイマイチ」「4・2だからぜひ頼みたい。契約料は高いけど」などと、格付けされる時代がやってくるというわけです。

実際、アメリカでは数年前から税理士や弁護士などの専門職の格付けはスタンダードになっています。また、ウーバーイーツでは、すでに配達人の仕事ぶりがユーザーからレーティングされるシステムが採用されていて、その結果が配達受注の優先度やインセンティブに反映されています。

そういった方式が、あらゆる仕事に採用されるということです。

厳しい時代かもしれませんが、そんなに身構えることはありません。

見方を変えれば、これは、「がんばった人は、がんばった分だけ報われる」という非常にフェアな社会が実現することでもあるからです。

しかも、未来のレーティングは単なる成果主義とは異なり、個々人の人柄がかなり重要な評価の対象になると私は見ています。

成功の条件は、人から応援されるような人柄

スティーブ・ジョブズを思い出してください。

彼の生み出した新製品に、発売3日前から人が並んだのはなぜだと思いますか？　決してアップル社の製品の性能が高いからだけじゃないはずです。それはジョブズという人物のパーソナリティそのもの、そして彼が生み出す商品やサービスが、たまらなく魅力的だったからではないでしょうか。

もちろん、求められるのは彼のようなカリスマ性だけではありません。これまで私は

多くの経営者や大富豪たちと会い、話を直接聞いてきましたが、彼らが口にする成功の条件のなかには必ずこんな言葉がありました。

「大切なのは、人から応援されるような人柄だ」

誰だって、感じの悪い人と一緒にはプロジェクトを組みたくないものです。

逆に、いつも朗《ほが》らかで誠実な人、優しく思いやりのある人など、そんな相手となら楽しく働きながら相乗効果を上げていけると思います。

これからの時代、高く評価されるのは、こうした人間的魅力を持った人なのです。

「あなたのためなら」と、惜しまず力を貸してくれる味方は何人いますか?

そんなことも、未来のレーティングの対象になるのではないでしょうか。

Chapter

3

行動を
お金に変える

行動することで、
あなたの人生は開ける。

Keyword

まず自分の存在を発信する

お金がない、才能がない、自信がない、勇気がない。

せっかくやりたいことが見つかっても、そんな言い訳でずるずると先延ばしし、なかなか行動を起こさない人もいます。

マラソンや短距離走にたとえれば、「よーい」で構えたままフリーズした状態です。「もう少しお金が貯まったら始めよう」「もっと自信をつけてからでも遅くない」などと、誰かが「ドン！」と号令をかけてくれるのを待っているのです。

しかし、自分は何もしなくても、人生が動きだすことは絶対にありません。なんらかのアクションを起こさなければ、いつまでたっても現実はそのままです。人生を変えるためには、まず行動を起こしてください。

お金や自信は実際に動きはじめてからついてくるもので、最初はなくて当たり前です。ゲームの「ドラゴンクエスト」のように、まずは丸腰からスタートして、戦いながらアイテムを一つひとつゲットし、仲間を増やす。

人は、そうやって強くなっていくものです。

「よーい」でスタートラインに立ったら、自分で「ドン！」と号令をかけましょう。


最初の一歩は小さくていいのです。

今の時代なら、まずは、SNSやブログ、ユーチューブなどで、自分のコンテンツをつくるところから始めてみてはどうでしょう。

あなたの好きなこと、得意なことであれば、テーマはまったく自由です。

自作の小説や楽曲を発表してもいいし、健康、恋愛、自己啓発、投資や家事のノウハウなど、さまざまな知恵や情報を伝えていくのもいいでしょう。

今が会社員なら、その経験を生かして、「残業の嫌われない断り方」「遅刻しても共感を呼ぶ10の言い訳」「秘書に好かれるキラーワード」などというテーマもおもしろいかもしれません。

ほかにも、「破産からの起死回生」「人見知り克服法」「オンチの直し方」など、コンプレックスやマイナスを乗り越えた体験も、同じ悩みを持つ人には役立つスキルでしょう。

こうして、自分の好きなことや得意なことを発信しただけで、変化は翌日から起こります。自分のＳＮＳやブログに、「誰か訪問してくれただろうか？」と、朝起きてスマホやパソコンを開くだけでドキドキ、ワクワクするのです。

そこに「いいね！」やコメントがついていれば、さらにワクワク感が増すでしょう。

いつもと同じ日常が、行動を起こしただけでがぜん輝くのです。

少ない労働時間で、楽しく稼ぐ

次のステップは、好きなことをビジネスにつなげるための行動です。

小さな力で大きな石を動かす「テコの原理」を思い出してください。インターネットは、一度により多くの人に情報を伝えることができるため、この「テコの原理」が働きます。これをレバレッジともいいます。

たとえば、あなたの特技が「たった5分で、ワイシャツに完璧にアイロンをかける技」だとします。これを友だち10人の前でデモンストレーションするのと、動画をユーチューブにアップして1000人に見てもらった場合とでは、あなたの「5分間のアイロンがけ」の価値はまったく変わります。

インターネットを活用することで時間にレバレッジがかかって、同じ5分で100倍の人にアプローチしたことになるからです。

この仕組みを上手に使っていきましょう。


自分でメールマガジンを発行して会員を募れば、月額1000円の購読料だとして、300人集めれば月30万円、500人なら50万円、1000人なら100万円……と、労働時間は同じでも、レバレッジ効果で収入はケタ違いに増えていきます。

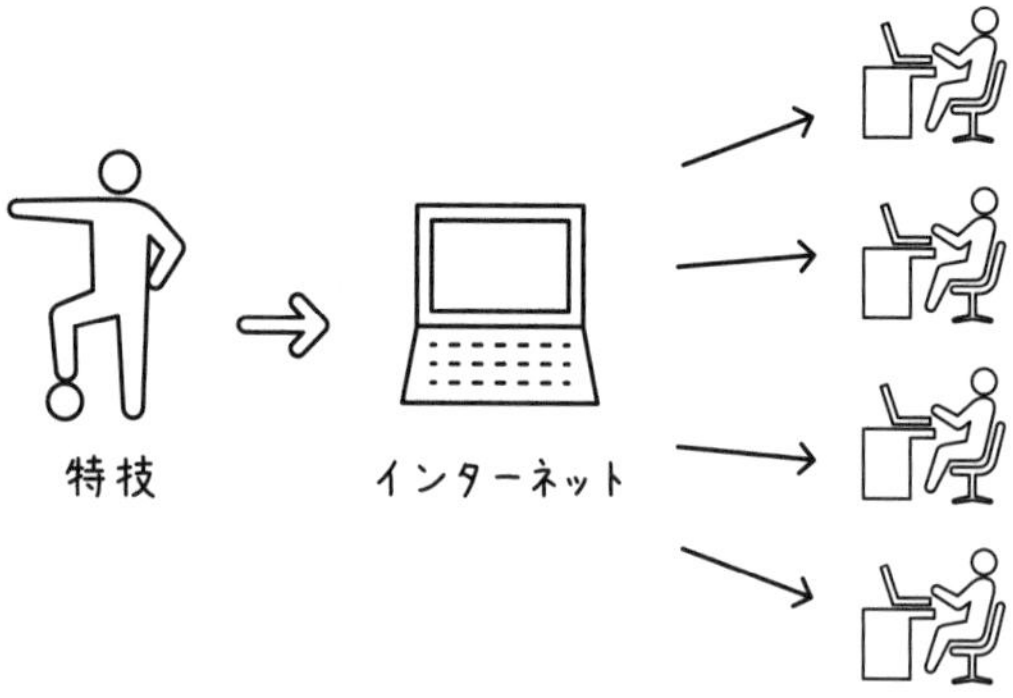

軌道に乗れば、副業といわず、これを本業にしても十分食べていける金額です。

空いた時間にのんびり旅行するなど、自由な時間を楽しむこともできるでしょう。

会社に所属せず、インターネットでビジネスをする生き方は、不安定に見えるかもしれません。けれど、購読者数が多少上下したところで、収入ゼロにはなりません。

職種によっては、今後いきなり会社が消滅することもある会社員より、安定している場合もあるのです。

かつての経済成長期、日本人の認識は「収入は労働時間に比例する」でした。CMのコピーにあったように「24時間戦えますか?」と長時間労働に耐え、またそれが美徳でした。

けれど、時代は変わり、ルールも変わったのです。

あなたのファンになってもらう

次に大事な行動は、「集客」です。

インターネット上にサイトを立ち上げただけでは、ネット砂漠にポツンと店を一店建てたのと同じです。いくらいい情報をアップしても、人は来てくれません。

大事なのは、まず多くの人に、あなたのサイトを見つけてもらい、訪問してもらうことです。

そのためには、最初から課金するのではなく、まずは無料で役立つ情報、喜んでもらえる情報を提供し続けることです。

「ここをのぞくと、いい刺激をもらえてワクワクする」

「見ているだけで楽しくなる」

と評判になれば、ぶらりと立ち寄ってくれるファンが必ず増えていくはずです。そのファンの数が、将来の売り上げに直結するのです。

ファンをつくる＝顧客リストをつくること

このことは、ネット上にかぎらず、どんな事業でも同じです。

たとえばパンづくりが好きで将来パン屋を開くのが夢なら、今からあなたのパンを、友人や会社の同僚、取引先などに無料で配ってみてはいかがでしょう。

こうすることで、あなたのパンを食べたことがあって、その味を好きになってくれるファンを増やしていくのです。そのファンが、未来の見込み客です。

「あのときもらったパンがおいしかったから」と、1個200円のパンを100人の人が毎日2個ずつ買ってくれれば、それだけでオープン初月から約100万円の売り上げになります。


ファンをつくるとは、イコール顧客リストをつくることです。

顧客リストとは、過去にあなたの店や会社で商品を購入したことのある人の情報です。

誰だって、一度も入ったことのない店で買い物するのは、ハードルが高いものです。

反対に、一度でも入ったことがあれば、2度目はそれほど抵抗がありません。

ネットでいえば無料ページをのぞきにきてくれた人、パン屋さんでいえば無料のパンを受け取ってくれた人がそれにあたります。

こうした既存客の情報が、どんなビジネスでも大事な資産なのです。

江戸時代の商人は、火事になったら真っ先に大福帳（顧客リスト）を持って逃げたといいます。それさえあれば、たとえ全ての財産が燃えてしまったとしても、またいくらでもやり直せるからです。

ネット上のサイトの場合、日本語だけでなく英語で発信することで、顧客リストは大きくふくらみます。世界で英語を話す人口は約20億人と言われます。世界総人口は約77億人ですから、英語を使うだけで、地球上に住む人の4人に1人とコミュニケーションがとれることになります。

パン屋さんでいえば、近所の人だけが立ち寄る店ではなく、海外からも注文が舞い込む店になるのです。どれだけの人が、あなたやあなたの店のファンになってくれたのか？ あなたの未来の豊かさは、そのファンの数によって決まるのです。

収入は「どれだけ人を感動させたか」に比例する

好きな仕事でお金を生むもう一つの行動は、「人を感動させる」ことです。

いい例がスポーツ選手ではないでしょうか。サッカーやラグビーのワールドカップが行われたときの、あの感動を思い出してください。

絶叫する人、泣く人、見ず知らずの人と抱き合って喜ぶ人など、まさに怒濤のごとき歓喜と感動の渦でした。

あそこまで人を感動させ、喜びを与えるからこそ、選手は多額の報酬を得ることができるのです。スポーツ選手以外にも、音楽家や画家、俳優、作家なども同じです。

もちろん、一般の私たちでも、自分の趣味や特技で人を感動させることができればお金になる時代です。

最近では「ネット投げ銭」といって、ネット上に公開された作品に対して、路上でポンと小銭を投げ入れるように、少額の支援ができるサービスも急成長しています。動画、音楽、文章、漫画、イラストなど、プロでなくても自分の才能を世に問える場はたくさんあるのです。

普段の会社の仕事でも同様です。職場でいれたおいしいお茶が、上司を感動させることもあるでしょう。参加したプロジェクトのチームワークや奮闘ぶりが、テレビのドキュメンタリー番組のようにドラマチックな感動を呼ぶかもしれません。

そんなふうに周囲の感情を揺さぶった量が、やがてあなたの収入に反映されるのです。


人を感動させるコツは、まず、自分が自分の仕事に感動することです。

自分の話で恐縮ですが、私はときに自分で書いた作品を読んで涙ぐんでしまうことがあります。娘には「パパはナルシストだね」とよく笑われます。

ちょっと気恥ずかしくなるぐらい自分の仕事にワクワクし、打ち込むようでなければ、何をやっても人の心には響きません。

何歳からでもやり直せる

さて、こうした行動を起こすのは、何歳からでも遅くありません。

ただし、年齢を重ねた人が覚悟しておきたいのは、やがて自分の身にも「ミッドライフ・クライシス」と呼ばれる中年の危機がやってくるかもしれないことです。

全米経済研究所（NBER）が、51カ国130万人を対象に行った「人生満足度調査」によれば、世界中のほとんどの人が、50歳前後で人生のどん底を迎えるのだそうです。

どん底とは、ずいぶん恐ろしい言葉ですが、確かに50歳前後は悩み多き年代です。視力は低下するし、頭髪も不安。尿酸値や血圧、メタボ指数は気になるし、体力、記憶力、集中力などの衰えも痛感します。

女性の場合、成人した子どもが巣立ったことで心にぽっかり穴が空き、「空の巣症候群」と呼ばれる抑うつ症状に悩まされることもあります。そこへさらに更年期が重なったとあれば、そのストレスたるや想像にかたくありません。

特にやっかいなのが、このあたりで、多くの人が自分の限界に気づかされることです。

そのうち人生最大のモテ期がくるかも……というロマンチックな夢は、残念ながら、もはやただの妄想にすぎません。

もうプロ野球の選手にはなれないし、会社では、出世や能力の限界も見えはじめます。40代前半まではうっすら「まだ巻き返せる」と思えた希望も、さすがにしぼみます。

このマイルドな絶望感が、世界の50歳をどん底に突き落としているのです。

けれど、あきらめることはありません。逆に考えれば、自分の限界を把握できることこそ、大人のスキルであり特権ともいえるからです。

自分が万能でないことを知れば、キャパシティ以上に仕事を抱え込むこともありません。不屈の精神でがんばっても、無駄なことは無駄だと冷静に判断できれば、無意味な努力からも解放されます。若い頃のように、闇雲な自分磨きや自己啓発にかき立てられることもなくなります。

経営戦略の一つに「選択と集中」があるように、この年代からは、人生においても「選択と集中」の発想が必要なのではないでしょうか。つまり、自分が得意なことに時間とエネルギーを集中させ、不採算部門である苦手なことからはすみやかに撤退する。一つの能力に特化し、ほかを捨てるのは勇気がいるかもしれませんが、捨てた分以上に可能性は広がっていくものです。

企画力は低いかもしれないが、話術を使った交渉力なら誰にも負けない。パソコンに精通している、数字に強い、英会話が得意、接客力が高い、ビジネスレターやメールがスラスラ書ける……など、誰のなかにも、キャリアを重ねてきたからこそはっきり認識できる強みがあるはずです。

私の知人のなかには、出世レースから降り、組織のなかで好きなことだけをやりながら心穏やかに過ごす人もいます。強みを生かして経営コンサルタントや人材育成の講師などに転身した人もいます。新しく何かを始めるにしても、50歳は「まだ間に合う」年齢でもあるのです。

どん底をきっかけに、成功する人もいます。日清食品創業者の安藤百福さんがそうでした。安藤さんは、脱税の嫌疑をかけられて一度は全てを失いました。しかし、その後丸1年かけて研究に励み、48歳のときに即席麺を開発して成功をおさめたのです。

1年がんばれば、若くなくても、ゼロからでも何かを成し遂げられるのです。すでにある能力を集中的に活用すれば、どん底からのV字回復をすることも可能なのです。

定年後、失業後の「ひとり起業」のすすめ

コロナショックで収入が減り、のんびり暮らすはずだった定年後の人生計画が大きく狂った人も多いでしょう。人生100年時代にあって、この先の長い人生を生き延びるには、まだ完全リタイアするわけにはいきません。定年退職後の起業を目指して、現役の今から準備を始めてみてはいかがでしょう。

また、起業なんか考えてもいなかったような人が、突然リストラに遭って、食っていく手段を考えなくちゃいけなくなっている場合もあると思います。

では、何をやったらいいのでしょう?

一つの方向性は、ゼロから新しいことを始めるのではなく、今の仕事の延長線上で事業を起こす道です。たとえば、企業の顧問となるのもその一つでしょう。

顧問といっても、大企業の役員経験者が就く名誉職的な顧問ではありません。現役時代に培った経験とノウハウを活かし、別の会社で実務や問題解決のアドバイスをする。

要するにフリーランスのコンサルタント的な役割です。

今の会社で日々当たり前にやっているあなたの仕事は、別のもっと小さな会社から見れば、ノドから手が出るほど欲しい宝かもしれません。もちろんプロとして結果を出すことを求められますが、月の出社が1度程度でも、数社と契約を結べばそれなりの報酬になるでしょう。

その場合、顧問専門の派遣会社に登録するという手もあります。けれど、なんといっても人に使われるのではなく、自分から仕事をつくっていくのが起業の醍醐味です。今のうちに同じ業界のなかで将来クライアントになってくれそうな人脈を開拓しておくことをおすすめします。

ほかにも、金融関係の会社にいた人なら、ファイナンシャルプランナーや金融ジャーナリストになる。商社にいた人なら、専門に特化した小規模な商社をつくるなど、これまでの自分のフィールドに、未来のあなたの活躍の場が隠されているはずです。

コスパや効率重視ばかり追い求めない

もう一つの方向性は、これまでとはまったく違う分野での起業です。

「大好きな手打ち蕎麦で、開業したい」「夫婦で喫茶店を始めたい」など、会社員から店舗経営者への転身を夢見る人もいるでしょう。

その場合、前に書いた集客の仕組みづくりも大切ですが、もう一つ心がけておきたいのは、会社員時代に身につけたコスパや効率重視の戦略を引きずらないことです。

コロナショックのせいで、レストランというビジネスモデルがこれから成り立つかどうか、見通しが立たない時代になりました。これから、どうなるのか、時代の流れも見ておきましょう。

アメリカの笑い話に、あるホットドッグスタンドの話があります。

そこのホットドッグは巨大なソーセージに、親父さん特製のチリソースがたっぷりかかっていて、チーズはかけ放題。まさにコスパ無視の大サービスで、地元で評判の行列のできる店でした。

ところがそこへ、ＭＢＡを取得した息子がやってきて、「これから不況になるのに、これでは原価が高すぎる」と、ホットドッグのサイズを半分にしてしまいました。

するとたちまち店は閑古鳥が鳴き、親父さんはため息をついてこう言います。

「さすが自慢の息子だ。おまえの言う通り、本当に大不況がやってきたな」と。


定年後に飲食店を開くなら、目指すは、〝予約の取れない寿司屋〟に代表される、こだわりの店でしょう。低価格だけが売りのどこにでもある店では、せっかくの人生の第2幕がつまらなくなってしまいます。

ポストコロナ時代には、家族のために、シェフが出張してそこで料理するというスタイルも、ありかもしれません。クリエイティブに考えてください。

成功するのは「すぐやる」人

私が好きなアメリカン・ジョークの一つに、こんなものがあります。

歯医者にかかったある患者が、抜歯に800ドルを請求されて激怒します。

「たった1分の仕事に、800ドル？　冗談じゃない！」と。

すると歯医者は、こう答えました。

「お望みなら、1時間かけて抜きましょうか？」

つまり、仕事の質は、時間に比例するわけではないということです。1時間かけたからといって、いい仕事ができるわけではありません。逆に、1時間かかるところを1分でやれば、時間の価値を最大化させることができるのです。


ところが、多くの人は、何ごとにも時間をかけすぎています。

たとえば英語の勉強にしても、本気でやれば半年や1年で基本的な会話はマスターできるはずが、日本人は中学、高校と6年間やっても、ほとんどの人がしゃべれません。

日々の行動のなかでも、こうした時間のダラダラ使いをしていませんか？
一度ですむミーティングを何度もやっていたり、実は誰も読まない報告書をのんびり書いていたり。こうして無駄な作業に時間をかけているから、いざやりたいことがあっても「忙しいから無理」、のんびりしたくても「そんな余裕はない」と、人生の可能性を狭めてしまうのです。

また、目の前のＴｏＤｏリスト（やることリスト）がなかなか減らない人も多いのではないでしょうか。「空いた時間にやろう」「今日は疲れたから明日でいいや」などと後回しにするうちに、忘れてしまったりします。
「そのうちやる」「いつかやる」は、結局やらないのと同じなのです。

私がメンターから教えられたのは、「手榴弾のピンが抜けた状態だと思って、すぐやりなさい」でした。メールには即座に返信する、出欠のハガキはすぐ出す、経費の精算はその日に提出するなど、やらなければいけないルーティンワークは、その場で完了させるクセをつけましょう。

すぐやることで、「あの人は仕事が早い」と相手に与えるインパクトも違ってきます。作業にかかる時間は同じでも、即やった分だけ価値が高まるのです。

私が知るかぎりでは、一流と言われる人ほど、レスポンスが早いものです。

たとえば私は、自著の新刊が発売されると、必ずお世話になっている人に献本することにしているのですが、すぐにお礼のメールや手紙、電話をくれるのは、たいていそんな方々です。しかも多忙ななかでいつ読んでくださるのか、その多くにはていねいな感想文まで添えられているのです。そんなお礼状を見ると、「忙しいからできない」などとは、恥ずかしくて言っていられないなと思います。

彼らは、多分、無名の頃から「すぐやる」習慣を続けてきたのでしょう。

こうした日々の積み重ねが、「信用」という財産をつくるのだと思います。

やろうと決めたら、やり続ける

「作家になりたい」という夢を描いた人が1万人いたとします。

そのうち実際に書きはじめるのは1000人くらいで、最後まで書き上げることができる人は100人くらい。さらに、その原稿を出版社に持ち込み交渉するところまでがんばれる人は10人くらいで、出版までこぎ着けることができるのは、最終的に一人いるかいないかではないかと思います。

作家にかぎらず、どんな夢もこのように狭き門で、そう簡単には実現しません。

その門を突破するのに必要なのは、最後の一人に残るまでやり続けるという情熱です。


たとえばカフェを開業しようとしたら、まずは立地の検討、店舗を探し、家具やら什器・備品を揃え、メニュー、看板づくり、人材確保、資金繰り……など、具体的にやらなければならないToDoリストは、多分300項目以上あるでしょう。

そのリストを一つひとつクリアしていくことで、出版でいえばやっと1冊の本のかたちになるのです。リストを見ただけで「ああ、面倒くさい」と感じるようなら、もちろん夢は実現しませんし、途中でトラブルが起きて「やっぱり自分には向いていない」と投げ出せば、そこで終わりです。

前にもお名前をあげた吉田潤喜さん（ヨシダソース創業者）は、無一文から出発してアメリカンドリームを叶えた人です。その吉田さんが言われていたのは「99％の情熱はゼロと同じ」という言葉です。

10％や20％の情熱ではうまくいかないことは想像できますが、たとえ99％あったとしても、最後までやり遂げなければ、結局やらなかったことと同じ。「やる気はあったんだけどねぇ」と言っても、言い訳になるだけです。

本当にそれが大好きで、カッと熱くなるほどやりたくてウズウズする。

それくらいの情熱があれば、自然とアイデアも湧くし、手も抜きません。その熱量に魅了されて、周りの人も応援したくなるものです。だから結果が出しやすく、成功する確率も上がるのです。時間差はあっても、お金も必ずついてくるでしょう。

あなたの行動を支えるのは、１００％の情熱なのです。

Chapter

4

夢は、こうやって実現する

大切なのは、まず先に未来を
しっかり決めること。
ありえないほど
最高の未来を
自由に描きましょう。

Keyword

「最高の未来」を先取りする

新しい一歩を踏み出そうというときジャマをするのが、過去の記憶です。

「親があの程度だから、自分もその程度」「有名大学を出たわけでもないのに、出世なんかできっこない」「こんな弱気な性格じゃ、どうせ無理」

そんな理由で、尻込みしている人はいませんか？

「過去がこうだったから、未来もこう」と、過去の延長線上に未来を見て、自分で自分の限界を決めつけているのです。

だから、夢を描こうとしても「どうせ不可能でしょ」と否定してしまいます。


時間の流れの概念を、変えてみてはどうでしょう。

時間は、普通「過去→現在→未来」へ流れると考えられています。

けれど、「たった今このページを読んでいるあなた」は、次の瞬間にはもう過去です。

ということは、現在のあなたの行動が過去をつくっているのであって、過去が現在のあなたをつくっているわけではありません。

だとしたら、こう考えられませんか？

時間は「未来→現在→過去」と流れているのだ、と。


過去はすでに遠ざかったものですから、それに縛られる必要はありません。

ネガティブな過去にとらわれて、劣等感を持つ必要もありません。

未来にはたくさんの可能性があり、どうなりたいかはあなたの選び放題です。

そして、自分が思う最高の未来を設定しさえすれば、時間はそこから逆走し、今のあなたを自動的に変えてくれるのです。なぜなら、未来を先に決めることで、そのために今何をすべきかがハッキリとわ

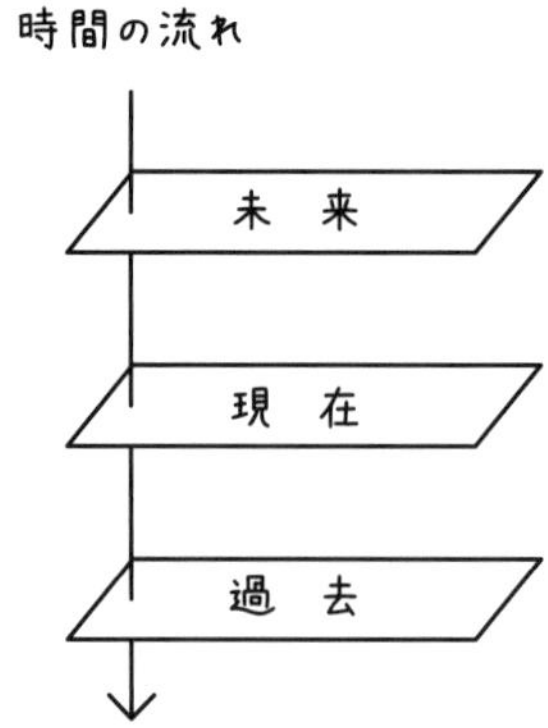

かるからです。

私はこれを「未来逆算で生きる」と呼んでいます。

たとえば本田宗一郎氏は、貧しい鍛冶職人の家に生まれ、15歳で自動車修理工場の丁稚《でっち》になりました。過去が未来をつくるなら、今の〝世界のホンダ〟は存在しません。

彼が成功したのは、小さな町工場にいながらも、「将来、世界をアッと驚かす」という大きな未来を決めたからなのです。

大切なのは、まず先に未来をしっかり決めることです。「そんなの、妄想だろう」と笑われるぐらい、ありえないほど最高の未来を自由に描きましょう。

脳の仕組みを使って夢を叶える方法

先に未来を決めれば、夢が叶うだって？

そんなうまい話があるかと、にわかには信じがたいかもしれません。

それを実践し、その方法を体系的に教えてくれたのが、アラン・ピーズ&バーバラ・ピーズ夫妻の著書『自動的に夢がかなっていく ブレイン・プログラミング』（サンマーク出版）でした。

夫妻は、もともとオーストラリアの成功した作家でした。日本でも『話を聞かない男、地図が読めない女』（主婦の友社）が話題になり、ご存じの方も多いと思います。

東京にご夫妻をお呼びして、大規模なセミナーを一緒にやりました。世界中から夫妻のファンが来て、すごく盛り上がりました。

海辺の美しい家と広大な牧場、高級車やクルーザー……。

夫妻は、何一つ不自由のない生活をしていたのですが、あるとき、信頼していた会計士に全ての財産を騙《だま》しとられ、無一文になってしまいます。けれど、彼らはあきらめませんでした。再び成功するための方法を知っていたからです。

結論からいえば、その方法とは「自分が将来どうなりたいのか、その姿をただイメージする」だけというものです。あとは脳の仕組みを利用することで、夢が自動的に叶うというのです。

なぜイメージするだけで、夢が叶うのか？　「ブレイン・プログラミング」の具体的な内容を紹介する前に、まず私なりの解説をしてみたいと思います。

ちょっと目をつぶり、あなたが小さい頃に住んでいた家の記憶をたどってみてください。ほとんどの人が、「ここに台所があって、この廊下の先が自分の勉強部屋で……」など、細かい間取りまで思い出せるはずです。その家は取り壊されて、今はもうないのかもしれません。にもかかわらず、鮮明に思い起こせるのです。つまりそれは、現実には今はないものも、脳のなかには現在進行形で存在していることを意味します。

ここで、一つの仮説が立てられます。

過去が現在に存在するということは、未来の姿をイメージすれば、脳のなかでは、未来もまた現在進行形で存在するのではないかということです。

みなさんのなかには、デジャブ（既視感）を経験したことのある方もいるでしょう。

過去に見たことも行ったこともないはずなのに、ある瞬間「以前ここに来たことがある」「この状況は前にもあった」などと感じることです。

そうした既視感も、過去に想像した未来の状況がすでに脳のなかにあり、たまたまその状況が現実化したときに起こる現象ではないでしょうか。


つまり脳には、現実と想像上の出来事、そして過去・現在・未来の出来事を等価なものとして扱う側面があるということです。

たとえば、あなたが「プロジェクトのリーダーとして、素晴らしい仲間たちとワクワクしながら働いている」という未来像をイメージしたとします。すると脳は、それが現在のことだと思い込み、必要な情報や人脈をキャッチするなど、そのイメージにふさわしい行動を起こします。そうやって未来が現実化するのです。

それはプロゴルファーが、どこへボールを飛ばすか明確にイメージすることで、現実にその通りのショットを打つのとも似ています。

ブレイン・プログラムを実践してみよう

アインシュタインは、かつてこう言いました。

「想像力が全てだ。それは、人生でこれから引き寄せるものの予告編なのだ」と。

そんな想像力と脳のシステムに着目し、誰もが真似できるように法則化したのが、「ブレイン・プログラム」です。

では、早速その法則の詳しい内容を具体的に見ていきましょう。

脳は「知りたいこと」「見たいこと」だけを選別する

脳は1秒間に、本にして約60万冊分もの膨大な情報にさらされると言われています。これを全て認識していたら、私たちの脳は間違いなくパンクしてしまうでしょう。

そこであらかじめ脳に備わっているのが、通称RAS（ラス）と呼ばれる神経の集まりです。RASは、脳に流れ込んでくる情報を、その人にとって必要なものと、そうでないものとに振り分けるフィルターのような役割を果たしています。

たとえば空港のロビーのような騒々しい場所にいても、自分の名前がアナウンスされれば、そこだけはちゃんと聞き取れる。まさに、それがＲＡＳの働きです。

夢や目標をまず決める

こんな経験はありませんか？

「青い車を買いたい」と考えていたら、街なかに青い車ばかりが走っているように見えた。あるいは、「犬を飼いたい」と考えていたら、やたらと犬を散歩させている人ばかりが目についた。

偶然だと思うかもしれませんが、そうではありません。こんな現象が起きるのも、ＲＡＳが必要な情報を見せてくれるからなのです。

夢を叶える理屈も、それと同じです。「営業成績トップになる」でもいいし「家を買う」「年収1000万円になる」でもいい。とにかく自分が何をしたいのか、どうなりたいのかをまず決めます。するとＲＡＳが稼働して、それを実現するためのヒントを片っ端から集めてきて見せてくれるのです。

グーグル検索にワードを入力すれば、関連した情報が即座に集まるのと似ています。

目的地さえ入力すれば、自動的にそこへ行ける

RASとは、目的地の住所を入力すれば、そこへ連れていってくれる車のGPSのようなものだと考えるといいでしょう。

必要なのは、まず「What?(何をしたいのか? どうなりたいのか?)」という未来の行き先を明確に決めること。「How?(どうやって?)」を考える必要はありません。

GPSを使うときも、大事なのは「どこへ行きたいか」であって、「どのようにすれば行けるか」を考える必要がないのと同じです。

GPSの仕組みを知らなくても、任せれば確実に道案内をしてくれるように、夢や目標にたどり着くためのヒントや情報は、RASが自動的に選別し集めてきてくれるのです。

にもかかわらず、とかく私たちは「How?(どうやって?)」のほうを先に考えが

ちです。実はそれが、多くの人が夢を実現できない理由です。

たとえば、誰かが成功したら「どうすればあんなことができるんだろう?」とため息まじりに考えてしまいます。でも、いくら考えてもわからないので、結局、チャレンジすること自体をあきらめてしまうのです。

それにたいていの人は、「Ｈｏｗ?（どうやって?）」と自問自答をしても、「資格を取る」「貯金する」など、今の自分が想像できる範囲の答えしか思いつきません。だから、想像を超えるようなミラクルを起こせないのです。


それについて、ピーズ夫妻がこんなことをおっしゃっていました。

以前、お二人は、「ロシアで本を出版し、講演活動をする」という夢を描いたことがあったそうです。しかし、当時は冷戦下にあり、ロシアはまだ鉄のカーテンに閉ざされた国でした。周りの誰もがあきれて「そんな夢は叶いっこない」と断言したといいます。

「誰一人知り合いもいないのに、いったいどうやって実現させる気ですか?」

そう聞かれても、夫妻は笑って「さあ、わかりませんん」と答えるしかありませんでした。

それでも、彼らはその夢をRASに入力しました。

すると、しばらくしてシドニーである会議に出席したときのことです。偶然、後ろの席からロシア語なまりの英語が聞こえてきたのだそうです。話しかけてみると、声の主は、ロシアの政府やマスコミに太いコネクションを持つロシア人でした。

夫妻とロシア人はその場ですっかり親しくなり、彼が窓口になってくれたことで、出版や講演の話はトントン拍子に進みました。

こうして、夫妻の夢はいっきに叶ってしまったのです。RASに任せておけば、思いもしなかった近道を教えてくれるということです。

夢や目標は紙に書く

夢を入力するときのコツは、頭で思うだけでなく書き出すことです。しかも、パソコンやスマホではなく必ず紙に手書きしてください。そうすることで脳の神経が活性化し、RASのスイッチが入りやすくなるからです。

その際も、書くのはあくまでも「What?（何をしたいか?）」だけです。「How?（どうやって?）」はいっさい書かない、考えないことが大切です。

そして、「Ｗｈａｔ？（何をしたいか？）」を書くときは、できるだけ具体的に書くことです。たとえば「海辺に住みたい」と書いても、それだけではＧＰＳにただ「東京都」と大雑把に入力したようなものです。具体的な住所がなければ、そこへ連れていってもらえません。

どこの海辺なのか、家はどのくらいの広さでどんな間取りなのか……など、夢や目標は視覚化できるくらい詳細に書き出すのがＲＡＳをうまく動かす秘訣です。

ピーズ夫妻がどん底からの再起を願って書いた本『自動的に夢がかなっていく　ブレイン・プログラミング』は、世界累計２７００万部という驚異的な大ベストセラーとなりました。夫妻は、思い描いた通り、再び豊かな生活を取り戻したのです。

自分は何をしたいのか？　どうなりたいのか？

夢や目標をまず決めましょう。決めた未来から時間が逆に流れてきて、今のあなたを「そうなる」ように変えてくれるのです。

「すごい未来」の体現者にどんどん会いに行く

先ほど書いたように、夢や目標はできるだけ詳細にイメージしなければなりません。ただ、これまで経験したことのない未来をイメージするのは難しいものです。

作家を例にとれば、世界には、ピーズ夫妻のように、印税だけで毎月1億円を稼ぎ出すような、ありえないほど超特大級のベストセラー作家が実際にいます。プライベートジェットで世界中を旅して回り、昼はハリウッドスターとランチし、夜はアラブの王族と語り合う、などという日常をごく当たり前に過ごしている作家もいます。

けれど、そんな壮大な未来は、カフェでコツコツ原稿を書きながら、「せめて本が1万部売れたらいいなぁ」などと夢見ている間は、描こうにも描けないからです。

そこでおすすめしたいのが、「自分も、ああなってみたい」と憧れるような人生を生きる人にどんどん会いに行くことです。その人のライフスタイル、服装、持ち物、仕事のやり方……などを実際に目で見ることで、それが未来を具体的に描くときの可能性のサンプルになってくれるかもしれません。

これまで私も、さまざまな方の生き方をお手本にさせていただきました。評論家であり作家の故・渡部昇一先生も、その一人でした。幸い対談させていただく機会があり、先生の書斎兼ご自宅にお邪魔したときのことは今も忘れられません。

そこで目にしたのは、まさに知のワンダーランドでした。15万冊もの本がまるで図書館のようにズラリと並べられ、居心地のよさそうな空間が広がっていたのです。

こんな場所で朝から晩まで過ごせたら、なんと幸せだろう。

そのとき抱いた強烈な憧れが、私自身の未来の青写真の一部となったのです。

何年か後、私は八ヶ岳の3000坪の土地に、研修センターをつくりました。その一角に実現したのが、あのとき憧れた図書館のような書斎です。

もしあのとき見たのが、本ではなく、ポルシェやランボルギーニなどの高級車がズラリと並んでいる光景だったとしたら、私の心はあれほど動かされなかったでしょう。車好きの人からすればバチ当たりにも「音がうるさそうですね」などと言って、顰蹙《ひんしゅく》を買ってしまっていたかもしれません。

牛が草を食《は》み、馬が優雅に走り回る広大な牧場だったとしたら、「へえ、牛って大きいな」くらいの印象しか残らず、猫に小判という状態だったでしょう。

おもしろいことに、人は、自分の未来と無縁なもの対しては、憧れないようにできているのです。

逆に考えれば、あなたが憧れるところに、あなたの未来があるということです。

目指す業界のカリスマ、成功した経営者、あなたの会社の上司でもいいのです。

すごい未来の体現者に、どんどん会いに行きましょう。

いいセルフイメージが人生を成功に導く

セルフイメージという言葉を、ご存じだと思います。

セルフイメージとは、自分が自分に対して持つ印象のことです。

たとえば、子どもの頃、仲間はずれやイジメに遭った経験のある人は、「自分は人間関係に恵まれない」がセルフイメージになっているかもしれません。

試験や試合に負けグセのある人は、「自分は何をやってもツイていない」と悪いセルフイメージしか持てないこともあるでしょう。


努力しているのに思うように結果が出ない、何かにチャレンジしたくてもなかなか行動に移せない、いいパートナーに出会えない……など、うまくいかない原因は、セルフイメージが悪いからかもしれません。

「自分は人に好かれる人望がない」と思っていれば、普段の態度もなんとなく自虐的になり、自動的にイメージ通りの自分になってしまいます。

「どうせたいして仕事ができない」と思っていれば、やはり仕事を楽しめず、出世もできないし年収も上がりません。

悪いセルフイメージが、自分の人生を邪魔しているのです。


では、セルフイメージは変えられないのでしょうか？

いいえ、決してそんなことはありません。

一般的には、セルフイメージとは、過去の体験の積み重ねで無意識にインストールされてしまったプログラムのようなものだと考えられています。

つまり、これも「過去↓現在↓未来」と流れる時間軸が作用しているのです。だとしたら、時間の概念を変えて、プログラムを変更してしまえばいいと思いませんか？

過去ではなく、未来の「なりたい自分」の姿を、セルフイメージに書き換えるのです。

中曽根康弘元総理は、1年生議員だった頃から、「総理になったら何をするか」を大学ノートに何十冊も書き綴っていたというのは有名な話です。

無名時代から「総理になる自分」を想定して政治に邁進したことで、そのセルフイメージが、氏を本当に総理の器に育て、引き上げていったのだと思います。

「2ランクアップの自分」になったつもりで生きる

若い会社員を例に考えてみても、「あ〜あ、早く帰りたいなぁ」と毎日グチばかりの25歳と、「将来天下を取ってやる」とひそかに考える25歳とでは、行動も醸すオーラも全然違うはずです。結果的に手にする未来は、まったく変わるでしょう。

セルフイメージは、成功したからよくなるというものではありません。いいセルフイメージを持てた人が、結果的に成功するのです。


いきなり総理大臣や社長になった自分を想定するのはハードルが高いとしても、まずは今のポジションの2つ上の役職に就いたセルフイメージを持ってみてはいかがでしょう。今が係長なら課長。今が部長なら取締役。年収ベースで、今が800万円なら1500万円の自分をイメージするのもいいでしょう。

自分がその立場だったら、どう考え、何をするか?

どんな服を着て、どんな家に住み、誰とつき合うか?

まだ「そうなる」前から、「そうなった」つもりで生きてみることで、おのずと今の自分が磨かれていくのではないでしょうか。


「自分は必ずうまくいく」

「人から尊重される人間だ」

「年収2000万円にふさわしい」

など、いいセルフイメージは、自己肯定感につながります。

そこでよく聞かれるのが、「そんなに自信満々では、傲慢でイヤな人間になりませんか？」という質問です。けれど、いいセルフイメージを持っているかぎり、そのような心配は無用でしょう。

本当の意味でセルフイメージが高い人とは、「私が企画した商品は必ず売れる」「私は仕事にいっさい手を抜かない」など、ただ自分で自分を信じ続ける人のことです。

それは健全なプライドであって、傲慢とは違います。そういう人は、過去にどれだけ成功しても「自分はまだまだこんなものじゃない」と夢や成長意欲を失いません。常に挑戦しているので、傲慢になるタイミングがないのです。

仮に「自分の作品や商品はこんなに売れた」と武勇伝のように自慢したり、横柄な態度を取ったりする人がいれば、それこそが傲慢というものでしょう。

そして、このように他者の評価でしか自分の価値を認められないのは、まだその人のセルフイメージが低い証拠といえます。そんな人にかぎって、たとえ褒められても「これには何か裏があるのでは?」と疑うなど、どれだけ成功しても自己評価は低いままです。これでは、いつまでたっても幸せにはなれません。

セルフイメージを高めることは、自分軸を持つことでもあります。

たとえば、上司や取引先からパワハラまがいの無理難題を押しつけられたとしても、それを嫌々引き受けたり、泣き寝入りしたりはしません。

自分の信念に照らして「ここまでは譲歩できても、ここから先はノー」という線引きが自然にできるからです。

しっかりした自分軸を判断基準にすれば、人生で難題にぶつかっても、あまり悩まず答えを出すことができるようになります。

今後、どんな仕事や人間関係と出会うのか? どんな地位や収入を獲得できるのか? そして周囲からどんな扱いを受けるのか?

あなたがセルフイメージをどう持つかで、全てが変わります。

Chapter

5

幸運を呼び込む

「運」のいい人には、
必ず応援してくれる
味方がいます。
まず「与える」ことを
学びましょう。

Keyword

運がいい人には、3人の味方がいる

数年前のことです。政財界の重鎮や文化人、芸能人など500人が参加するチャリティーイベントのくじ引きで、特賞を引き当てたことがありました。

景品は、150万円は下らないだろうピアジェの腕時計でした。その場にいた人は、私を相当な強運の持ち主だと思ったのでしょう。

会場は「おー」とどよめき、それまで面識のなかった上場企業の経営者までもが次々と私のテーブルにやってきて、「運がいいですね！ ぜひご著書を拝読したい。どの本がいいでしょうか？」と質問攻めにあったのです。

すでに成功を収めた人でも、「運」には並々ならぬ関心を持つようです。

私自身、20代の頃から、運について真剣に考えてきました。

周りの大人のなかには、特別才能があるわけでもないのにトントン拍子で成功する人がいる一方で、能力はあるのに、何をやっても成果が出せない人がいました。

運は確かに存在するとしかいいようがありません。

運のいい人は、いったい何をしているのでしょう？　神頼み？　まさか、そんなはずはありません。彼らは、もっと理性的で再現性のある運の高め方をきっと知っているはずです。私は、偉人の伝記を読み、また成功者に会うたびに、「なぜ運がよくなったのですか？」と直接尋ねました。

そしてその結果、ある一つの結論にたどり着いたのです。

それは、「運」のいい人には、必ず応援してくれる味方がいるということでした。

事業に失敗して全てを失ったものの、仲間がお金を出し合ってくれたことで、見事に再起を果たした知人もいます。窮地に陥ったとき、「あいつのためなら」と無条件で手を差し伸べてくれる人を何人つくれるか。それが、運を引き寄せるのです。

百田尚樹さんの小説『海賊と呼ばれた男』のモデルにもなった、出光興産創業者、出光佐三氏の逸話をご存知でしょうか？

佐三氏は、丁稚奉公から身を起こし、苦難の末に、戦後の日本に貢献する石油ビジネスという大事業を成し遂げます。

成功のかげにあったのは、やはり彼を応援する人物との出会いでした。

その人物とは、関西のある資産家で、開業資金のあてがなく悩む佐三氏に、自分の別荘を売ったお金6000円をポンと差し出したといいます。1911年、佐三氏はそのお金を元手に出光商会を創設しました。

当時の6000円といえば、今の価値に換算すれば1億円くらいでしょうか。そんな大金を、貸すのではなく「もらってくれ」というのですから、この資産家も豪快です。

しかも、その後失敗続きで会社をたたむ決意をした佐三氏に、今度は自宅を処分して再びお金を工面したというから驚きです。

「この人のためなら、全財産を失ってもいい」。そこまで人間的に信頼され、惚れ込まれたら、一生分の運をもらったようなものではありませんか？

「君を応援してくれる人を、生涯に3人つくりなさい。それができれば必ず成功する」

そう教えてくれたのは、アメリカで出会ったユダヤ人大富豪でした。

仕事の成果は、自分一人の努力で得られるものではありません。どんなに能力があっても、職場で嫌われれば、その力を発揮する場すら与えてもらえないでしょう。

上司、部下の関係なく、無条件であなたを応援してくれる味方を、社内に最低3人つくることを目標にしてみてはいかがでしょう。

3人の味方のあなたに対するいい評価が決め手となって、昇進や望む部署への異動が実現することもあるでしょう。転職を余儀なくされるなど、助けが必要なときには、それぞれのネットワークを駆使して、新天地を紹介してくれる可能性もあります。

「与えた」分だけ受け取れる

では、どうしたら応援される人になれるのでしょう?

私は、そのカギは、「与える」ことにあると考えています。

自分のところにいい情報が回ってきたときは、独占せずに周りの人と共有する。頼まれれば、自分の人脈のなかから人を紹介してあげる。また、相手の話や悩みをじっくり聞いてあげたり、手が空いたときは仕事を手伝ってあげたりするなど、要するに、あなたができる範囲のことを誰かにしてあげるのが、与える行いです。

私の周りには「ビジネスセミナーなどで知り合った仲間が本を出したら、必ず買って自分のSNSで紹介するようにしています」と言う人もいます。

このように、友人の成功を心の底から喜び、サポートしてあげるのもまた、与えることなのです。


アメリカの元ファーストレディーで国連代表も務めたエレノア・ルーズベルトさんは、「どんな関係においても大切なのは、何を受け取ったかではなく、何を与えたかなのです」という言葉を残しています。

人は相手に何かしてもらえば恩義を感じ、その分自分も相手に返していこうとするものです。決して見返りを求めるわけではありませんが、自分が先に与えれば、結果的に相手からも大切にされ、応援してもらえるのです。

日本にも「陰徳を積む」という言葉があります。人に知られなくても、ひそかに善い行いを続けるという意味で、これも与えることの一つです。信心深い昔の日本人は、与えることで〝天の貯金箱〟に幸運がたくさんたまり、いつか天からいいことが返されると考えたのです。

弱肉強食の奪い合う時代は、もう終わりました。これからは、お金、才能、人脈、チャンスなど、自分の持っているものを分かち合う時代です。

運がいい人は、まず与えています。そして、与えた分だけ受け取れるのです。

ちなみに、冒頭にチャリティーイベントで高級時計を当てたと書きましたが、実はそれは、直前にかなりの高額品をチャリティーオークションで落札し、その落札金を寄付したばかりのタイミングで起きたことです。

与えた分がその日のうちに返ってきた、わかりやすい体験でした。

「感謝」と「手柄」は人に与えても減らない

与える行為は、ほかにもいろいろあります。

その一つが感謝することです。

あなたが、読んで感動した本を2人の後輩にプレゼントしたとします。

2人のうち一人は、その場でお礼するだけでなく、後からメールで「今取り組んでいる仕事のヒントになりました。本当にありがとうございました」と、改めて本の感想や感謝の言葉を送ってきてくれました。

そしてもう一人は、その場でお礼はしたものの、その後はなしのつぶて。職場で顔を合わせても、なんの感想の言葉もくれなかったとします。

あなたは、どちらの部下をかわいいと思い、引き立てたくなるでしょう?

たとえば、自分がかかわる新しいプロジェクトに誰か一人、後輩をメンバーに入れることになった場合、指名したくなるのは、やはり、感謝の気持ちを忘れない前者のほうではないでしょうか。

このように、感謝できる人ほど人に愛され、運がよくなるのです。

能力があるのになかなか成功できない人がいたとしたら、もしかすると、普段から周りの人への感謝ができていないからかもしれません。

「ありがとう」という言葉を口にして、人に嫌われたり損をしたりすることは絶対にありません。また「ありがとう」は何度発してもいいものです。

些細なことにでも、何かしてもらったら感謝する習慣をつけましょう。

もう一つが、名誉や手柄を人に与えることです。

大口の取引先を獲得した、新商品がヒットしたなど、仕事で成果を上げて「おめでとう」「よくやった!」と褒められたとき、「さすが俺」とばかりに自画自賛し、手柄を独り占めしていませんか?

どんな仕事も、自分一人ではできません。たとえ一人でやったように見えても、縁の下の力持ちとなってあなたを支えてくれた人、陰《かげ》で応援してくれた人は必ずいるものです。全て自分の能力だと勘違いして天狗《てんぐ》になっていると、周囲の反感を買い、いつか足をすくわれることにもなりかねません。

「相手に花を持たせる」という言い方があります。成功の花束を受け取ったら、まず真っ先に「この花束を、自分以外の誰に渡すか?」を考えましょう。

「アドバイスをくれた部長のおかげ」でもいい、「いつも残業につき合ってくれた先輩のおかげ」でもいい。周囲の人をねぎらい、尊重する気持ちを忘れないようにしましょう。

その結果、「あいつは俺が育てた」と吹聴する人が周りにたくさん出現するかもしれません。けれど、それは決して迷惑でも煩《わずら》わしいことでもありません。

むしろ、そう言ってくれる人がいればいるほど、ありがたい話です。

なぜなら、自分が目をかけ育てたと思っている人間を大切にすることはあっても、潰《つぶ》そうとする人はいないからです。そんな人は、こちらから頼まなくても「○○をよろしく頼む」と、あなたを引き立ててくれることもあるでしょう。こうして、与えた分だけ運に恵まれるのです。

人に使ったお金は「運」という財産になる

最後は、人にプレゼントやご馳走をすることです。

私の場合、出会った人には感謝の気持ちを込めて、メッセージ入りのオリジナルボールペンをプレゼントすることにしています。

「なぜ?」と聞かれても、「人が喜ぶ顔を見ると、自分も幸せな気持ちになれるから」

としかお答えのしようがありません。結局は、自分のためにしているようなものです。

それでも、受け取った人は、すごく喜んでくれます。

何かおもしろい情報があったときには、真っ先に私に教えてくれる人もいれば、書店員の方々なら、「いちばん目立つ場所に置きました！」と、私の本の販売促進に協力してくれることもよくあります。

食堂のオバチャンにごはんを大盛りにしてもらっただけで、「また行こう」と思う心理と似ているかもしれません。金額の大小ではなく、人はその気持ちに感動し、恩義を感じてくれるものなのです。


知人の誕生日に何かちょっとしたプレゼントをしたり、これまでのワリカンをやめて人に食事をご馳走したりするなど、ぜひ、誰かのためにお金を使う体験をしてみてください。

特に若いうちは、こうした人間関係への投資をどんどん実践してほしいと思います。

節約、節約でギリギリの生活をして毎月10万円ずつ貯めれば、確かに10年後には1200万円という貯金ができるでしょう。

けれども、毎月10万円ずつ交際費を使った人は、10年後にはその貯金額よりはるかに高い年収を稼ぎ出していることでしょう。

お金は使えば減るものだと思っているかもしれませんが、誰かのために使ったお金は、目に見えない「運」という財産となって貯まっていくからです。

「運命からの招待状」を見すごしていませんか？

私が好きな昔話の一つに、『わらしべ長者』の物語があります。

名もなく貧しい一人の青年が、手にした1本のワラを元手に行く先々で物々交換をしながら、最後は大金持ちにまで上りつめる……。そんなサクセスストーリーです。

たまたまつかんだ1本のワラ、たまたま出会った人々が、青年の人生の扉を次々と開いてくれました。幸運は、偶然をチャンスに変えるところから生まれます。

「駅でたまたま学生時代の同級生と会ったのが縁で、今の会社に転職した」

「落とした財布をたまたま拾って届けてくれたのが、現在のパートナー」など、みなさんのなかにも、予期せぬ出会いや出来事がきっかけで、それまでのライフスタイルや収入が大きく変わった経験がある人もいるでしょう。

人生はあらかじめ描いたプランとは関係なく、こうした偶然の導きによって、思いもよらない方向へ転がっていくことがあるのです。

実際、ビジネスの世界で成功した人が、偶然をうまく生かすことで、『わらしべ長者』のように、チャンスをつかんできました。


ホンダ創業者の本田宗一郎氏と名参謀と呼ばれた藤沢武夫氏の出会いも、その一例です。

物語は、戦後まもない頃、藤沢氏が古い友人と東京・市ケ谷の公衆トイレでバッタリ再会したことから始まります。

「浜松にちっぽけだけれど、いい会社がある。社長は本田宗一郎というんだが、その彼が天才的な技術者でね。どうだ、会ってみる気はないかい?」

その友人のひと言で本田、藤沢の両氏は引き合わされ、二人三脚で一介の町工場を世界企業にまで躍進させたのです。

ほかにも、結核で入院して寝ているときに、たまたま見上げた天井の形から木質パネル接着工法を思いついたミサワホーム創業者の三澤千代治氏など、偶然がビジネスの成功に結びついた例は多々あります。


意思の力や努力だけで現状を変えるのは、難しいものです。

けれど、このように偶然という乗り物にうまく乗れば、仕事や人生そのものが、より高いステージへといっきに飛躍する可能性があるのです。

偶然は、「運命からの招待状」といってもいいでしょう。

ところが、多くの人はその招待状が届いていることすら気づいていません。

あなたも、街で偶然知り合いに会ったとき、「久しぶり！」「奇遇だねぇ」くらいで終わらせてしまうことが多いのではないでしょうか。それではせっかくの運命からの招待状を、開きもせずに捨てているのと同じです。

毎日、「偶然の宝探し」をしてみよう

そんなとき、私なら、その場で相手をお茶に誘うか、時間がなければ携帯番号を確認して、後で忘れず連絡するようにするでしょう。

偶然には、自分にとって必要なメッセージが必ず隠されています。それが「何か」がわかるまで、「最近、変わったことはあった?」「何かおすすめの本はある?」など、相手といろいろな話をしてみるのです。

会話のなかで、「それ、いいね」「おもしろそう」と心に刺さった話があれば、それが、あなたが受け取るべきメッセージです。

私の場合、相手の話に出てきた人物に興味が湧き、「ぜひ紹介してください」と頼んだことから、その人物との新しいプロジェクトが始まったこともあります。

偶然は、こんなふうにチャンスに変わっていくのです。

いつもは見逃しているだけで、偶然という招待状は、誰のところにも届いています。

バス停で、映画館やコンサートの会場で、信号待ちの交差点で……。

そこに知った顔がいないかどうか、ちょっとあたりを見回してみてください。

普段手にしない本や雑誌を、めくってみてください。たまたま開いたページに、あなたが欲しかった情報があるかもしれません。

自分の会社のカスタマーサポートに届いたコメントや商品レビューなどに注目してみるのもいいでしょう。同じ内容の投稿が3回届くなど、「あれ?」っと引っかかったところに、販売促進や商品企画のヒントが隠されているかもしれません。

こう考えると、毎日が宝探しのようでワクワクしませんか?

「偶然」の流れに乗って生きる

「2020年までに作家として国際デビューします」

私が、自分の講演会の参加者1500人の前でそう宣言したのは、2014年のことでした。これが5年後の『happy money』の出版につながるわけですが、当時はまだ、実際、海外の出版社と契約したわけでもないし、なんのあてもない頃です。

もちろん、頭のなかでは思い描いていた夢でした。でも、実現可能かどうかもわからないのに、自分の口からそんな言葉が出てきたのには、我ながらちょっと驚きでした。

ところが、そんなふうに自分の夢を公にしたことで、私の運命になんらかのスイッチが入ったのでしょう。そこからは、さまざまな偶然が次から次へと起こりはじめたのです。

私が目標とするような海外のベストセラー作家が来日したときには、こちらから頼まなくても「対談しませんか?」という話が舞い込みました。そこで親しくなった方が、私を全面的にサポートしてくれるという幸運にも恵まれました。

特に思い出深いのが、エージェント探しでした。

日本と違い、海外では、作家もスポーツ選手のように契約や交渉を担当してくれるエージェントが必要です。本を出すためには、出版社ではなく、まず優秀なエージェントと契約しなければなりません。

未知の世界で、そのエージェント探しに四苦八苦していたときのことです。

アメリカで出席したある会議の休憩時間、トイレで偶然、友人で心理学者・作家のジョン・グレイ博士と会ったのです。

先にご紹介した本田宗一郎氏のエピソードにも「トイレでバッタリ再会」の偶然がありましたが、トイレという空間は、人生の交差点なのでしょうか。

私は思わず、「実は今、エージェント探しが難航しているんです……」と、グレイ博士に相談を持ちかけました。

そこへさらに偶然現れたのが、『シリコンバレー式 自分を変える最強の食事』（ダイヤモンド社）が日本でもベストセラーになった、作家のデイヴ・アスプリーさんでした。

アスプリーさんにとって博士は、メンターのような存在です。その尊敬する博士の日本の友人が困っていると聞けば、放っておくわけにはいかないと思われたのでしょう。「ぜひ自分のエージェントを紹介したい」と申し出てくれたのです。

こうした偶然が重なって、複数のエージェント候補が集まりました。

最終的に3人までに絞り込み、最後の最後、「さて、誰にお願いしようか？」とスタッフとレストランで食事をしながら話し合っていたときのことです。

テーブルの上に置かれた店のナプキンを何気なく見たら、そこにイタリア語で「チェレステ（Celeste）」と店名が記されていました。英語読みをすれば「セレステ」で、なんと、それは3人に絞り込んだエージェントのうちの一人の名前でした。

こんな偶然に、意味がないわけがありません。これもまた「運命からの招待状」なのでしょう。「彼女に決めた！」。私が迷わず即決したのは、言うまでもありません。

偶然を追っていくと、このように不思議に欲しいカードがどんどん揃っていきます。「とんとん拍子に事が進む」という言葉がありますが、自分はただ流れに乗っているだけなのに、チャンスが向こうからどんどん飛び込んでくるのです。

同じ偶然でも、想定外の災難に巻き込まれるなど、一見不運な偶然もあります。

私の知人の一人は、いつもなら左に曲がる道を、その日に限ってなぜか右に曲がって車にはねられ、1カ月入院するはめになったそうです。

けれど、入院先でたまたま隣になった患者さんのところへお見舞いに来ていた女性と親しくなり、彼女と結婚したのです。交通事故に遭わなければ、パートナーと出会わなかったと考えると、不運な偶然も決して最悪とはいえません。

このように、たとえ今はどん底でも、それは10年後の幸運の前触れと捉えることもできるのです。起こった出来事に、あまり一喜一憂しないことです。それより大事なのは、この偶然を活かして、どう人生を切り拓いていくかなのです。

人生大逆転のチャンスをものにするコツ

知人の一人に、自営業だった父親が遺した3億円もの借金を肩代わりした人がいます。財産放棄という選択肢もあったはずです。けれど、律儀な彼は「親の借金を息子が返すのは当然だ」とそれをせず、勤めていた会社を辞めて、傾きかけた家業を借金ごと引き継いだのです。

そこからの彼は、背水の陣でさまざまな改革案を実行し、思わぬ経営の力を発揮しました。そしてわずか10年という短期間で借金を完済。その後も順調な経営を続け、あっという間に資産家の仲間入りをしたのです。

ひとくちに10年といっても壮絶な苦労の日々で、一時は親を恨《うら》んだといいます。

でも、もし親の借金がなければ、彼は今も年収数百万円の平凡な会社員のままだったでしょう。3億円の借金は、結果的に、彼にその何倍も稼げる器を与えてくれたのです。

あのとき負債ではなく、逆に3億円の遺産が転がり込んでいたとしても、多分、今ほど裕福にはなれなかったでしょう。

父親が遺してくれたのは、人生大逆転のチャンスだったのです。


さて、チャンスはたいていこのように苦しくつらい体験に姿を変えてやってきます。

そのため多くの人は、壁にぶつかると「もうダメだ、運に見放された」と絶望し、その先に光があることに気づきません。

けれど、本当に運が悪いとは、ピンチそのものではなく、その光を探そうとせず、あきらめてしまうことではないでしょうか。

先ほどお話ししたベストセラー作家のアラン・ピーズさんは、47歳のときに進行性の前立腺がんの宣告を受けました。

医師からは、同世代の同じ症状の患者の生存率は非常に低いと言い渡されたそうです。けれども、彼はその統計を鵜呑《うの》みにしませんでした。

「それでも生き残る人はいますか?」と食い下がり、「3%の人は80歳過ぎまで生きて、がん以外の理由で亡くなるでしょう」との言葉を聞くと、「先生、では、私はその3%のグループに入ることにします!」と宣言したのです。

コップに水が「もう半分しかない」と悲観するか、「まだ半分もある」と楽観するかでその後の人生の展開は変わると言われますが、彼の場合、完全に後者のタイプです。

生き残った3%の人が何をしたのかを徹底的に調べ、その通りに行動や生活習慣を改善することで、がんをすっかり克服してしまったのです。

このように、たとえわずかな可能性であっても希望を失わず、信じて前に進める人が、運を味方にできるのです。

仕事がなくなった人、収入が減ってしまった人。今苦しんでいる人は、ぜひとも「ピンチの裏にはチャンスがある」という考え方を忘れないでいたいものです。

仕事や経済上のピンチだけでなく、人間関係の失敗、私の友人のような健康上の危機に陥ったときも同じです。

火事場のバカ力という言葉があるように、ピンチがモチベーションとなり、それまで想像もしなかった行動力や勇気が湧くこともあるでしょう。隠されていた能力がいっきに開花することもあります。

そう考えれば、逆境こそむしろ歓迎すべきものかもしれません。私自身、これまでさまざまなピンチに直面しましたが、そのたびに、「さて、ここから何が起こるのだろう」と内心ワクワクしたものです。

ピンチを体験した人は共感される

「奴隷解放の父」と言われたリンカーン大統領は、アメリカ史上最も成功した人であり、最もピンチを体験した人でした。

貧しい境遇に生まれ、度重なる家族の不幸からうつ病にもなりました。また自分で経営した雑貨店は倒産し、政治家を目指してからは選挙に8回も落選しています。

けれど、それでも最終的には合衆国大統領に就任し、偉大なリーダーとして讃えられたのです。挫折を経験したからこそ、リンカーンは、謙虚で忍耐強く、人に対して慈悲深く寛容でした。

彼が民衆に愛されたのは、完全無欠のカリスマだったからではなく、自分たちと同じように悩んだり落ち込んだりする一人の人間だったからに違いありません。

身近な話でいえば、たとえば日頃仕事ができる上司が、「この間スピード違反で切符を切られちゃってね」などと話しているのを聞いただけで、「あの人でもそんな失敗をするのか」と、なんとなく親近感を覚えたりしませんか？

人間とは、そういうものです。こうして周囲の共感を呼べば、その分敵が減り、応援されやすい人になります。ピンチがチャンスに変わる理由は、ここにもあるのです。

行動を起こせば、必ず壁が立ちはだかります。

でも、決して恐れないでください。人生で一度も大きなピンチにあわない人には、大きな成功もありません。目の前の壁は、今のあなたの限界を一瞬にして飛び越える、未来への入り口でもあるのです。

運がいい人になりたければ、引っ越ししよう

かつて東京・六本木ヒルズにITベンチャーや投資ファンドの関係者がこぞって事務所や住居を構え、「ヒルズ族」というセレブ文化をつくったこともありました。

後に凋落したものの、あの場所の持つエネルギーが、富と成功を目指す者の人生を、いっきに上昇気流に乗せてくれたことは間違いないでしょう。その後、ヒルズに入っていた会社の多くがダメになったことを考えると、運を上下させるエネルギーがあったと言えるでしょう。

住む場所は、その人の運に大きな影響を与えるものなのです。

私の場合、郊外に近い住宅街の一軒家を、東京でのオフィスにしています。

ここは、元々ある著名な経営者の邸宅だったもので、その方が財界トップへと上り詰めていく過程で売りに出された、いわゆる〝縁起物件〟です。

専門家によれば、前庭の形といい、門から玄関まで続くなだらかなスロープといい、

風水学的に見ても非常に運気が高いそうです

何より私自身、居心地がいいのです。そのせいかどうか、ここにオフィスを構えて10年以上になります。ここに移ったときは、著作シリーズが150万部ぐらいだったのに、ペースを落とすことなく800万部になったのは、この土地から運気をもらったように思います。

八ヶ岳の研修センターも、森の中にある1000坪の敷地に立っています。風水的によくできた場所で、ここを買ってから、次元上昇が起きたと感じています。

普段、時間を過ごす場所からエネルギーをもらっているのか、奪われているのかで、大きくあなたの人生に影響を与えるでしょう。

もちろん、単純に高級住宅地や豪邸に住めば人生が好転する、というわけではありません し、風水的に整った家にこだわる必要もありません。

大切なのは、自分がリラックスできて、気分が上がる空間かどうかです。

テレワークが進めば、誰でも好きなところに住める

コロナショックで否応なしにテレワークが導入されました。まだ部分的ではありますが、今後、可能な職種ではこの傾向が広がっていくはずです。

テレワークなら働く場所を選びませんから、自然が好きな人なら、田舎暮らしをしながらのんびり仕事をするのもいいのではないでしょうか。

田舎暮らしの魅力の一つは、家賃の安さです。私のセミナーハウス兼別荘がある八ヶ岳のあたりでは、敷地100坪の2LDKの一軒家が家賃5万円という物件もあるようです。

近所で自給自足の生活をしている友人の家など、250坪の土地に家付き畑付きで、家賃が2万円。しかも、月額ではなく年額だというのですから、驚くほど安いと思いませんか？　少々古くてボロでもかまわない人には、最高の住まいだと思います。

これからは、ほとんどの人が収入減になる時代です。わざわざ家賃の高い都心に住む

必要はありません。これを契機に引っ越しをする人の数は、かなり増えるのではないでしょうか。

海が好きなら、海辺に住んで、朝はサーフィンをしてから仕事をするなどという暮らしも可能です。

これまでは、住む場所もライフスタイルも、会社や仕事に縛られてきました。でも、これからは、人それぞれ、自分が最も快適で、活力が出せる場所を選ぶことができるのです。経済は後退しても、代わりにこうした自由が手に入るということです。

すぐには引っ越せないとしても、せめて家や部屋そのものの快適度にはこだわりたいものです。どうせ帰って寝るだけだからと、日も差さないような閉塞的な家に住んでいれば、やる気が奪われ、運も逃げていきます。カビや湿気にも悩まされ、よく眠れず、健康上もいいことはありません。

マンションを選ぶ場合は、そこに住む人々の雰囲気が、自分にとって心地いいかどうかも考慮に入れるべきでしょう。

あくまでもイメージですが、マンションには、そこの住人全員から放たれるエネルギーが集合的な意識となって蓄積されている気がします。夜眠りにつくと、私たちはそんな意識のプールに身を沈め、よくも悪くも何らかの影響を受けることになります。

だとしたら、怒ったり恨んだり、お金の不安や心配事を抱えている住人だらけのマンションと、朗らかで笑いが絶えず、いかにも運がよさそうな人たちばかりが住むマンションとでは、どちらがいいでしょう?

当然、後者のはずです。自分の住む環境を選ぶ基準についても、考えておきましょう。

心身のウェルネスこそが最も貴重な資産

私が高校生時代に愛読した『知的生活の方法』(講談社現代新書)の著者、渡辺昇一さんは、生前対談させていただいたとき、こんなことをおっしゃっていました。

「最高の時間活用術とは、長生きすることですよ」と。

時間がもったいないからとコンビニ弁当をかき込み、寝る間も惜しんでガムシャラに働いたところで、健康を害しては何もなりません。

それよりしっかり体のメンテナンスをして長生きし、生涯をかけてやりたいことに取り組める人が、結局は成功という幸運を手にできるのです。

実際、これまで海外で会った成功者のほとんどが、心身の健康には並々ならぬ関心を持つ人ばかりでした。家のなかには、トレーニンググルームはもちろん、マッサージやカイロプラクティックを受けるための専用のヒーリンググルームが用意されていることも珍しくありません。またそこに、最新の酸素カプセルやエナジーポッドと呼ばれる仮眠用のマシンまで設置している人もいます。

前出のジョン・グレイ博士も同様です。サンフランシスコ郊外のご自宅に招かれて伺ったことがありますが、博士の場合、それに加えて庭で栽培したオーガニック野菜を毎日の食卓に取り入れるなど、食生活の管理も徹底していました。

いくらお金があっても、体を壊しては幸せとはいえません。彼らにとって、心身のウェルネスこそが最も貴重な資産なのです。だからこそ健康には、手間と経費を惜しまず投資するのです。

余談ですが、私がグレイ博士のお宅を訪ねたときには、いったいどんな手土産を持参したらいいものか、相当悩みました。

なにしろ博士は、世界的ベストセラー作家であり億万長者でもあります。全てを持っているうえに、ライフスタイルにも独自のこだわりがあるはずです。

へたに日本人形など持参したところで、趣味に合わなければジャマだと思われるだけだし、老舗の羊羹《ようかん》というわけにもいきません。

そこで私が選んだのが、水素水生成器でした。これは電気分解によって風呂の湯に水素を発生させるものです。水素風呂は、血液の循環をよくし、疲労回復やリラックス効果があることで知られています。つまり私は、「健康」を手土産にしたというわけです。

グレイ博士は箱を開けるなり、大喜びしてくださいました。

睡眠は最も手軽でリターンの大きい投資

では、私たちができる健康投資とはなんなのでしょう?

最も手軽でリターンの大きい投資といえば、やはり睡眠ではないでしょうか。

人間の脳は、昼間インプットした情報を睡眠によって記憶に定着させるのだそうです。いくら徹夜で明日のプレゼン資料を作っても、翌日ボーッとして忘れてしまったり、鋭さに欠け、ミスをしがちになったりしては生産的ではありません。それに、睡眠が足りなければ免疫力も低下してしまいます。

加齢とともに寝付きが悪くなったり、眠りが浅くなったりすることもあるでしょう。だからこそ、意識して睡眠スキルを上げることが大事です。

私自身、本の執筆以外にもさまざまな活動に忙しく、「いったいいつ寝ているんですか?」と聞かれることがよくあります。けれど実際は、人に任せられるところは任せ、効率よく働き、その分たっぷり寝ています。

布団に入る5分前には、仕事の続きや心配事を思い出すのをやめにして、寝室にはスマホを持ち込まない。また、「どうせ寝るだけだから」と住環境に無頓着な人もいますが、それではよい眠りは得られません。高いお金をかける必要はありませんが、リラックスできるスペースを確保し、就寝中の光と音を遮断する工夫をするだけでも、眠りの質は変わるはずです。

Chapter

6

お金の不安を手放す

自分を信じ、人を信じ、
人生を信じましょう。
これが、「お金さえあれば
人生がよくなる」
という呪縛から解放される
秘訣です。

Keyword

お金がなくても、人生が終わるではない

今、世界中の人が、お金の不安や心配に取り込まれています。

感染症でたくさんの貴重な命が奪われてきましたが、これからは、それ以上に、経済の問題で自殺する人の数が増えるのではないかと危惧しています。

ローンや家賃や教育費、経営者なら、従業員への給料の支払いなど、もうどうにもならないところまで追い詰められて、「人生、終わった……」と絶望している人もいるでしょう。

けれど、落ちついてください。お金がないくらいでは、人生は終わりません。

そうは言っても、追い詰められると、そんな余裕がないはずです。

とにかく、なんとかしなくちゃということで頭がいっぱいでしょう。

こんなときは、どうか人に頼ってください。両親、親戚、友人、クライアントなど、あなたが助けを求めれば、手を差し伸べてくれる人は必ずいるはずです。

フリーランスで仕事をしていた私の友人の一人は、長く連絡をとっていなかった父親に久しぶりに電話をしたといいます。それまで負けん気の強いタイプで、人に頼ることを嫌った彼が、「実はお金に困っている」と打ち明けたのです。

お父さんは、翌日、黙って彼の口座に100万円振り込んでくれたそうです。彼は、銀行のATMの前でボロボロ泣いたと言っていました。

以前訪ねたブータンは、経済的には決して豊かとはいえませんが、国民の97%が、「私は幸せです」と答えるような国でした。

「将来に不安はないですか?」と質問したところ、「病気になったら家族や近所の人、国が助けてくれます。老後も誰かが必ず面倒を見てくれたり、気にかけてくれたりするでしょう」という答えが返ってきました。

私たち日本人も、もっと人を頼り、人に助けを求めることを覚えていいのではないでしょうか。

「人に迷惑をかけてはいけない」は、日本人の美徳かもしれません。自力でがんばってきた人ほど、人に頼るのは恥ずかしいこと、弱い人間のすることと、意地を張ってしまうこともあるでしょう。

けれど、ここまで一人でやってこられたわけではありません。あなたの周りには、あなたを応援してくれている人がちゃんといるのです。そのことに気づくだけでも、これからの人生に希望が持てるのではないでしょうか。

それに、お金がなくても基本的な生活は、そんなに困らないはずです。

台湾に住む私の友人は、以前から、「お金がなくなったとしても、食べていく自信がありますよ」とよく言っていました。彼女は成功した65歳のビジネスウーマンですが、農村出身で、子どもの頃は、ほぼ自給自足の生活だったそうです。

家で採れたトウモロコシを持っていけば、おやつの落花生がもらえる。そんな生活で、お金そのものを持ったことがなかったといいます。

都会に住んでいると想像できないかもしれませんが、日本でも地方へ行けば、今もそうした物々交換の経済が部分的に成り立っているところもあります。

分かち合いの経済の仕組みが芽生える

また、ここまで経済が崩壊してしまうと、この先は、世界的に「ベーシックインカム（最低所得保障）」のような制度が導入されることにもなるでしょう。あくまでも私の予測ですが、日本の場合、最初は食料品の購入や外食で使える月々10万円程度のミールクーポン（食料券）の支給というかたちになるかもしれません。

衣食住の「食」は、お金がなくても、そう心配することはないでしょう。

「衣」に関しても、今は質のいい服が安い値段で手に入ります。ネットで不要なものを簡単に売り買いできる「メルカリ」のようなサービスもあるし、レンタルやオークションのサイトもあります。

それに、たとえ洋服が買えるお金がまったくなくても、「明日から着るものがなくてどこへも行けない」という人は、ほとんどいないはずです。それどころか、流行やオシャレにさえ頓着しなければ、「手持ちの服であと5年はなんとかなる」という人も多いのではないでしょうか。

日本中に空き家や空き部屋が増えている今の時代、「住」にも不自由しないはずです。田舎の実家や親戚、友人の家を思い起こしてみてください。いざとなったら自分が居候できそうな空間くらい、確保できそうだと思いませんか?

あるとき私も、半分遊びで友人関係のリストをつくってみたことがあります。

自分が無一文になったと仮定して、「あいつなら、きっと1週間くらいは家に泊めてくれる」「あの人なら、『うちの使ってない別荘に住んでもいいよ』と言ってくれそうだ」などと書き出してみたのです。

その結果わかったのは、ありがたいことに、私には逆境のときこそ手を差し伸べ、助けてくれる素晴らしい友人がたくさんいるということでした。

お金がなければ、一人ぼっちで不幸になる。

お金がなければ、即、路頭に迷う。ああ、もう生きていられない……。

そんなふうに思い込んでいませんか? だとしたら、それは従来の資本主義に洗脳されているだけなのです。

今はまだはっきりとはいえませんが、これからは、新しいかたちの資本主義が芽生えてくると考えています。

たとえば、今、世界では、総人口のうち約8億2000万人、つまり9人に1人が飢餓に苦しんでいます。その理由は、十分な食料がないからではなく、先進国と途上国の不公正な貿易ルールなど、一部の人しか恩恵を受けられない食料システムがおかしいからです。奪い合うから足りないだけで、公平に分かち合えば、食料は足りているのです。

こうした分かち合いの経済の仕組みができれば、私たちはお金の心配や不安に振り回されず、お互い助け合いながら安心して生きていけるのです。

人生の不安が、お金の不安になっている

これまでも、多くの人がお金の心配をしながら生きてきました。

月末のカードの支払いができなかったら、どうしよう……。

家のローンや子どもの教育費が払えなかったら、どうしよう……。

このままで老後の資金は足りるだろうか……。

お金がなくてみじめな自分の姿を想像すると怖くなるし、贅沢な暮らしをしている人を見ると、自分だけが貧乏クジを引かされたようで、腹立たしくもなります。

おもしろいことに、高学歴でバリバリ働き、貯金も手堅くしていそうなきちんとした会社員ほど、こうした不安や恐れを持つようです。

なまじ頭がよくて将来のシミュレーション能力が高いがために、のんきに「なんとかなるさ」とは思えないからかもしれません。


また、お金を使うときも心が晴れません。渋々お財布を開けてこう思うのです。

無駄遣いじゃないだろうか？

騙《だま》されているんじゃないだろうか？

ほかの店にもっと安いのがあったら損だぞ、と。


お金、お金、お金……。こうして、人生の多くの時間が、お金の不安や心配、恐れや怒りで塗りつぶされてしまうのです。

では、いったい収入や資産がいくらあったら、お金の不安は解消されるのでしょう？
1000万円？　3000万円？　5000万円？

でも、収入が上がれば、それに比例して、もっと広い家に住みたい、いい車に乗りたい、子どもは公立ではなく私立に通わせたい……など、生活水準も上がります。たとえ年収が上がっても、結局「お金が足りない」という感覚は変わらない気がしませんか？

ならばいっそ、宝くじで10億円当たれば安心かといえば、そうなったらなったで「何かとんでもない落とし穴が待っているんじゃないか」と、やっぱり不安なのです。

不安はお金以外のもので解決できる

私がインタビューした富豪と呼ばれる人のなかには、「自分などまだ金持ちですらないよ。なぜって、私のプライベートジェットは、たったの6人乗りだから。ロールスロイスだらけの駐車場に、自分だけ軽自動車で乗りつけたような気分で、恥ずかしくてたまらないですよ」と言った人もいます。

〝史上最も裕福だった男〟といわれた石油王のジョン・D・ロックフェラーは、晩年、「お金はいくらあれば満足ですか？」と聞かれて、「もう少しほしい」と答えたそうです。結局、いくら稼いでもお金の不安や恐れはなくならないということです。

この事実から、私たちは一つ大切なことを学ばなければなりません。それは、あなたが抱える不安や心配、恐れの原因は、お金とはまったく関係ないということです。

あなたがいちばん恐れているのは、ピンチに陥っても誰も助けてくれないことや、自分の力では困難を乗り越えられないかもしれないこと。それに、みじめな老後や家族に見捨てられるかもしれない未来ではないですか？

つまりそれは、お金ではなく人生の問題なのです。

ということは、その人生の不安や恐れを、お金以外のもので解決できれば、多額のお金は必要ないといえるのです。

幸せの尺度を、変えてみましょう。

お金がなくても、家族や友人と過ごせることが最高の幸せなのかもしれません。

それに、住む家や着る服がなくても、あなたの持つ才能はなくなりません。それを生かせば、どんな苦境からでも再起の道はいくらでもあるはずです。

私なら、全財産を失ったとしても『破産して学んだ8つの知恵』などという本なら書けるし、『破産脱出セミナー』を開いて誰かの相談に乗ることもできるでしょう。

お金がないくらいで、人生は終わらないのです。

自分を信じ、人を信じ、人生を信じましょう。これが「お金さえあれば人生がよくなる」という呪縛から解き放たれる秘訣です。

リッチな生活には、意外と面倒なことがいっぱいある

本当のところ、お金は人を幸せにしてくれるのでしょうか?

実際、お金持ちの暮らしとはどんなものなのでしょう?

それを知りたくて、自分自身で大富豪の暮らしを体験してみたことがありました。

妻と娘を引き連れて引っ越した先は、アメリカはボストン郊外の高級住宅地に立つ、プール付きの６０００坪の大邸宅でした。某ＩＴ関連企業の社長の邸宅だったところを、２年限定で借りたのです。

ファームハウスの邸宅は3階建てで、部屋数はシアタールームや図書館などを含めて17室。窓の外には、手入れの行き届いた広大な庭が広がっていました。


けれど、リッチな豪邸気分を楽しめたのは最初だけでした。

住みはじめてすぐにわかったのは、こうした豪邸ライフには、家を維持管理するための膨大な経費と大きなエネルギーが必要だということでした。

たとえば、朝、心地よく目覚めて庭に出れば、目にするのはプール一面の枯れ葉とプカプカ浮かぶカエルやモグラの死骸！

映画のワンシーンのように、起き抜けにプールに飛び込み、ひと泳ぎ……なんて幻想でしかないと思い知らされた瞬間です。爽やかな気分はいっきに冷めて、「お手伝いさんはいつ来るのかな。まだかなぁ」とイライラする始末です。

またあるときは、メイドと運転手が大ゲンカし、双方の言い分を聞いてなだめるのに、2時間という貴重な時間が奪われたこともありました。

それに懲《こ》りて、家のなかのマネジメントを全て任せられる執事を雇ったのはいいのですが、あろうことかその執事が、200人ものお客さまを招いた大事なパーティーの2日前に突然姿を消してしまったのです。当日は、すごい人出だったために、暇だった警察も出動して、車の流れの整理をサポートしてくれました。近所の方には、迷惑をかけましたが、一生できないようなおもしろい体験でした。

パーティーはなんとか無事に切り抜けたものの、裏方の段取りに追われ、すっかり疲れ果ててしまいました。

何より家にかかわる最大のストレスは、その広さにありました。

いくら部屋数が多くても、結局よく使うのは、それぞれの自室とリビング、ダイニングぐらい。あとはなんとなく「怖い、寒い」で、妻も娘も近寄りもしないのです。

また、部屋にこもってしまえば、家族に用があって「ねえ、ちょっと」と呼びかけても聞こえません。食事のときも「10分後にダイニングに集合ね」などと、いちいち携帯電話で連絡し合わなければなりません。なぜ10分後かといえば、階段を上り下りして部屋から部屋へ移動するだけで、けっこう時間がかかるからです。

こうして実際に体験してみてわかったのは、貧乏性の私には、豪邸は体に合わないということでした。どんなに贅沢な家に住んでも、お互い何をしているかわからない、笑い声も聞こえないでは、家族の絆は弱くなり、家庭崩壊の危機にも発展しかねません。結局、家族のお互いの存在がすぐ近くに感じられるような小さな家のほうが、幸せだということがわかりました。

その意味で、大富豪にならなくても、私はすでに幸せだったのです。

結局、2年間の豪邸体験で、莫大な経費がかかりました。けれども、こうした生活を期間限定ですることで、それまでの自分になかった視点で幸せの本質に気づけたことは、大きな収穫でした。

いちばん幸せなのは「小金持ち」かもしれない

「出世して、もっと広い家に住みたい」

「もっと収入が高ければ、幸せになれるのに」

そんなふうに、私たちは、とかくお金で幸福の度合いを測りがちです。

しかし、米プリンストン大学の心理学者、ダニエル・カーネマン教授の調査によれば、感情的な幸福度は、年収7万5000ドル（約830万円）までは収入に比例して高くなるものの、それを超えるともう上がらなくなるそうです。

上がらないとは、幸福度が最高潮に達して高止まりになるという意味ではありません。収入が高くなればなるほど、その額を稼ぎ出すための時間的拘束は長くなり、精神的プレッシャーも大きくなります。贅沢な暮らしをすれば、私が体験した豪邸生活のようにそれだけ維持費もかかります。

また、上には上がいると気づいて、自分も「もっと」と欲に振り回されることもあるでしょう。こうして悩みの種が増え、逆に幸福度が下がる可能性があるのです。

昼食代も払えないような経済状態では困ります。でも、昼食にフレンチのフルコースを食べるか、蕎麦1杯かでは、案外、蕎麦1杯をさっと食べたほうが健康にいいこともあります。

つまり、日々の生活に十分な収入があり、趣味を楽しみ、たまには家族や友人と旅行へも行ける程度の「小金持ち」が、実はいちばん幸せなのかもしれないということです。

お金持ちになる人は貯金よりも、流れを生み出すためにお金を使う

ただ、資産1億円以上の日本の富裕層は、全体のわずか2%だと言われています。多くの人が、「小金持ちにすらなれませんよ」と嘆いているのが現状かもしれません。

なぜ、98%の人はお金持ちになれないのでしょう?

その理由は、ほとんどの人が、これまでお金に関する知識や知恵を学んだことがないからではないでしょうか。

では、ここで質問です。

資産が1億円あって、月収10万円で支出が10万円の人生。
貯金は10万円しかないけれど、月収100万円で支出も100万円の人生。
あなたなら、どちらの人生を選びますか?

前者を選んだ人も多いかもしれません。何しろ資産が1億円です。これだけあれば、一生お金に困らないようにも思えます。

けれど、資産はあっても月収10万円で支出も10万円ということは、仕事はアルバイト程度に細々とやり、毎日の暮らしも質素だということです。

なるべく貯金を取り崩さないよう、休みの日はどこへも出かけず、人からの誘いも断って毎日家で一人ぼっちの食事。家族がいれば、彼らにも倹約を強いてケチケチ生活をしているかもしれません。

これではあまり楽しくないし、ゆとりがなくて自分も家族も精神的に消耗してしまいそうではないですか？

豊かな人生を生きている人は、後者の「貯金は10万円しかないけれど、月収100万円で支出も100万円」の人生を選びます。

なぜなら、お金について知識があればすぐにわかることですが、豊かさとは「ストック」ではなく、「フロー」にあるからです。「フロー」とは、お金をどれだけ流せるか、つまりいかにお金を使うかということです。

おそらく多くの人は、100万円あれば「とりあえず貯金」と考えるでしょう。

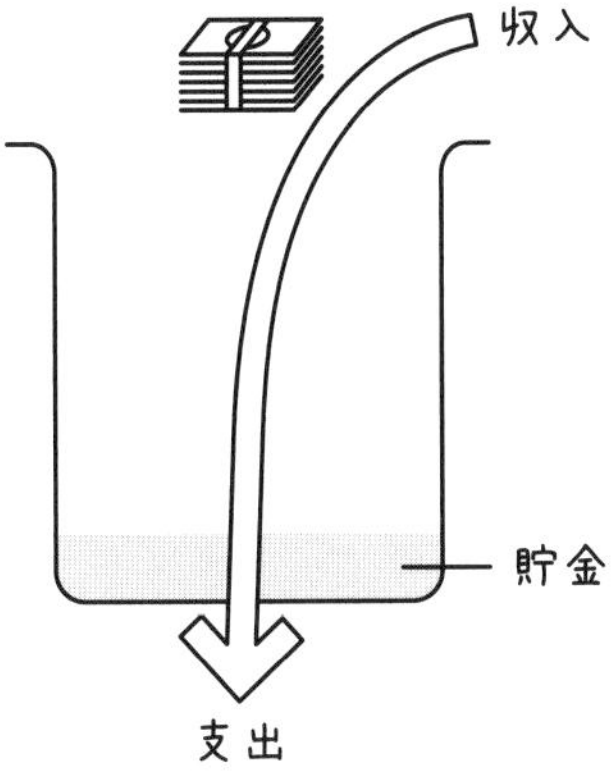

けれど、このゼロ金利時代にあって、貯金したところで増えるお金は微々たるものです。インフレで預金封鎖でもされれば、たちまち大幅に減ってしまいます。

つまり、貯金は、あなたの生活になんら変化も飛躍も起こさないうえに、ただ銀行に寝かせておくのは、逆に大きなリスクかもしれないということです。

だったら、100万円を有意義に使ってみてはどうでしょう。

100万円あれば、たとえば、友人と賑やかにキャンプやイベントに出かけて楽しく過ごすこともできれば、おいしいものを食べに行ったり、人に何かプレゼントをして喜んでもらったりすることもできます。

将来のための勉強会やサークルに参加したり、事情が許せば、留学するなど海外で視野を広めたりすることもできるでしょう。

私も、まだ会計の仕事をしていた20代のとき、仕事を1カ月半休んで、カナダで人間関係のセミナーに参加したことがありました。渡航費や滞在費を含めると、当時の私としてはかなりの出費と覚悟が必要でした。けれど、そこで学んだことやさまざまな出会いが、その後の人生に大きな影響を与えてくれました。

行動すれば、それだけ知識と経験値が増え、いい人脈にも恵まれます。

「あいつなら、何かおもしろいことをしてくれそう」と応援してくれる仲間が増えれば、今より100万円多く稼げる人間になるかもしれないのです。


私が取材した大富豪たちも、ほとんどがその方法で成功しています。

彼らは1億円の元手があれば、1億円全部を使って10億円にし、さらに100億円に増やしていきます。

「もったいないから、1億円はとりあえず貯金」などという中途半端に小心な者は、世界屈指の大富豪にまで上り詰めるのは難しいようです。

また、マイクロソフト共同創業者のビル・ゲイツや投資家のウォーレン・バフェット、ハリウッドの大物スターなどがそうであるように、彼らはチャリティー活動にも非常に熱心です。環境や教育、人権問題を扱う団体など、対象はさまざまですが、多くのお金持ちが毎年、莫大な額の寄付をしています。

よく税金対策だと言われますが、理由はそれだけではないはずです。

お金持ちにとって寄付とは、100万円や1000万円程度のお金を出してもビクともしない、自分自身の豊かさを確認する行為でもあるのです。

この「出しても減らない」という感覚が自信となって、彼らをますますお金のフローに向かわせます。こうして、お金がお金を呼ぶのです。

貯金だけしていてもお金持ちにはなれない

前に書いたように、私たちはお金の教育を受けていません。

多くの人にとって、お金に関する知識といえば、子どもの頃から親に言われ続けた次の3原則くらいではないでしょうか。


「無駄遣いするな」

「貯金しろ」

「連帯保証人になるな」

けれども、無駄遣いせず貯金していれば、貧乏にならない代わりに、お金持ちにもなれません。

連帯保証人を頼まれるのは、それまで自分に投資し、信頼される人間関係を築いてきた証拠ともいえます。実際に引き受けるかどうかは別の問題ですが、誰にも何も頼まれない人生より、頼まれる人生のほうが、刺激的でおもしろいのではないでしょうか。

あなたがまだ若く、志があるなら、基本的には貯金するよりも、生き金を使うことです。

特に、この「仕事消滅時代」には、100万円あるなら、そのお金を全部使って、引っ越しや新しいビジネスの立ち上げ準備をするなど、人生を方向転換するための資金にすべきです。

よく「いざというときの貯金」といいますが、今がその「いざというとき」だからです。

なぜ宝くじに当たっても幸せになれないか

投資をはじめとするお金に関する知識や知恵のことを、私は「お金のＩＱ（知性）」と呼んでいます。何も考えず、入ってきたお金をなんとなく使ったり、漠然と「もっとお金があったらいいなぁ」と夢見たりしても、人生には何も起こりません。お金持ちになるには、税金の知識やそのほか基本的な経済知識を身につけておくことが大切です。

ただ、いくらお金のＩＱを高めても、お金で失敗しないというわけではありません。投資はその最たる例で、いくら勉強しても、実際に取引を始めてみると、なかなか考えた通りにはうまくいかないものです。

株価が上がれば慌てて買いに走ったり、暴落したりすれば今度はショックで損切りさえできずにただ呆然《ぼうぜん》……。いくら頭でわかっているつもりでも、結局、「損をしたくない」という欲や不安、恐怖といった感情に負けてしまうのです。

感動というポジティブな感情は投資のヒントをくれるものですが、自分自身のなかにあるこうしたネガティブな感情は、ときに正常な判断力を奪ってしまうものでもあります。

そこで大切なのが、お金のＩＱだけでなく「お金のＥＱ（Emotional Intelligence Quotient)」、つまりお金に対する感情指数を高めていくことです。

かつて私が会計コンサルタントをしていた時代、クライアントに最初にアドバイスしていたのは、お金のＩＱでした。

ところが、どれだけ資産家になっても、「誰かに盗《と》られるんじゃないか」「近づいてくるのは、お金目当てのヤツばかり」などと、お金を失うことを恐れて人を信じられなくなっていく人もいました。

感情をコントロールできず、感情に振り回されてしまうからです。

海外では、高額宝くじに当選した人が不幸になったというニュースを時々目にしますが、それも、金額の大きさにその人のＥＱがついていけなかったのが原因です。大金を前に舞い上がって我を忘れるようでは、まだまだお金持ちの器とはいえません。

お金が入ったときも出ていくときも「ありがとう」

お金が入ってくれば「少ない、まだ足りない、ごまかされた?」と不満を抱き、お金が出ていくときには「高い、また減った、損した、もったいない」と罪悪感や苦々しさでいっぱいになる——。

「お金のEQ（感情指数）」が低いと、そんなふうに、お金の出し入れのたびにいちいちネガティブな感情に襲われます。

お金に対する不満、悲しみ、憎しみ、怒り、失望。これでは、いくらお金を稼ごうが貯めようが、結局、富や幸せには恵まれません。

お金のEQを上げる方法は、こうしたネガティブな感情をポジティブな感情に書き換えていくことです。

では、どうしたらその書き換えができるのでしょう?

答えは、とても簡単です。お金が入ってくるときも出ていくときも、心から「ありがとう」と感謝する。ただそれだけです。

もちろんこれは、「ありがとう」と呪文《じゅもん》を唱えてさえいれば、翌朝、財布の1万円札が倍になっている、などという話ではありません。

たとえば、何カ月も通い詰めた営業先から、結局契約が取れなかったという場面を想定してみてください。

「あんな客、二度と相手にするか！」

と、ふてくされて背を向ければ、関係はそこ止まりです。

けれど、今回はダメでも会社にとっては大切な顧客と考え、

「話を聞いてくださって、ありがとうございます」

と感謝してつき合いを継続していったとすれば、どうでしょう。相手もその気持ちを意気に感じて、次にはチャンスをくれるかもしれないと思いませんか？

感謝するかしないかで、相手のこちらに対する感情がまるで違ってきます。これが、人間関係のセオリーなのです。

お金に感謝したときも、それと同様の効果が生まれます。

レストランでの会計ひとつとっても、「値段のわりにたいしたことがなかった」と渋々払ったときと、「楽しい時間を過ごさせてもらった。ありがとう」と笑顔で支払ったときとでは、当然、後者のほうが互いに気持ちがいいはずです。

店側から好印象を持たれて、次回はもっといい席に案内してもらえるかもしれません。

ちなみに、このことは払った金額の大小とは関係ありません。

たとえどんなに高いワインの栓を抜いたとしても、店員を見下すような横柄な態度の客には、誰だってサービスしたくないものです。逆に考えれば、べつに大金持ちにならなくても、感謝の気持ちさえあれば、ＶＩＰ並みに大切な扱いを受けることはできるということです。

私は、これを「ハッピーマネーの法則」と呼んでいます。

もらった給料を「あんなに働いてやったのに、これっぽっち」と恨みがましい気持ちで受け取れば、それはアン・ハッピーマネーです。

けれども「こんなにいただいて、ありがたい」と感謝の気持ちで受け取れば、同じ金額もたちまちハッピーマネーに変わります。働くモチベーションが上がり、周囲の評価も上がるのです。

私のセミナーに参加してくれたある人は、この法則を試してみようと思ったそうです。

彼女は役員秘書をしていましたが、直属の上司や会社の待遇に不満ばかりで、いつ辞めてやろうかとカリカリしていました。

「でも考えてみれば、私は秘書という仕事にもかかわらず、英語もしゃべれないし、何か資格を持っているわけでもないんです」

それに思い当たったら、もっといい人材もいたはずなのに、自分を採用してくれた会社や上司に感謝の気持ちが湧いてきたといいます。

それからは、上司に叱られても「おかげで勉強になりました。ありがとうございます」、残業になっても「仕事を覚えるチャンスをいただきました。ありがとうございます」と、全てをポジティブに変換して、心のなかで「ありがとう」を言い続けました。

すると、半年もたたないうちに給料が上がったのだそうです。

感謝の心を持つ人に、お金は集まってくるのです。

これからの人生、ハッピーマネーで生きるか、アン・ハッピーマネーで生きるか。
あなたは、どちらの人生を選びますか？

Chapter

7

あなたの幸せを見つける

自分と相手との違いを認め、
「なぜそうなのか？」を
じっくり話し合うことが、
パートナーシップを
育てる唯一の道です。

Keyword

パートナーシップの扉は「天国」と「地獄」に分かれている

「私には素晴らしい家族がいます。仕事もあって、家もあります。私に必要なものは、ほかに何があるでしょう?」

ブータンで出会った、ある人の言葉です。

仕事でもっと成功しないと、幸せになれないわけではありません。もっとお金がないと、安心できないわけではありません。

たとえ仕事で失敗して一文無しになったとしても、そこへ行きさえすれば無条件であたたかく迎えてくれる場所――。そんな居場所があれば、私たちは深い幸福感や安らぎを得られるのです。

その居場所が、家庭であり、パートナーの存在ではないでしょうか。

世界有数の資産家、ウォーレン・バフェットは、「成功するのに最も必要なことは?」の質問に「誰と結婚するかだ」と答えています。

男女の関係だけでなく、男性同士、女性同士のカップルでも同じです。心から信頼し、支え合えるパートナーの存在は、仕事の原動力となり、人生を楽しく豊かにしてくれるものなのです。

とはいえ、いいパートナーシップを築くのは、そう簡単ではありません。

中国ではロックダウンが解除された頃から、離婚届けの件数が過去最高レベルで増えたそうです。

病気やお金の不安でただでさえ苛立っているところへ、24時間、家族が同じ空間で過ごさなければならなかったのです。些細《ささい》なことでカチンときたり、ムカッとしたり。普段気づかなかった相手のアラまで見えてきて、「こんな人だとは思わなかった」と揉《も》め事が起こるのも容易に想像できます。こうしたコロナ離婚は、今後、日本やほかの国々でも増えてくるかもしれません。

理想の相手と出会ってつき合いはじめた頃は、世界はバラ色に輝き、誰もが「何があってもこの人を守りたい、尽くしたい」と思ったことでしょう。けれど残念ながら、そんなロマンチックな気分さえ、正体不明のウイルスひとつで、もろくも崩れ去ってしまうのです。

あなたが意気揚々《ようよう》と開いたパートナーシップの扉は、天国ではなく、地獄へと通じる扉だったかもしれません。

パートナーシップの幸福度ランキング

実際、パートナーシップにおける幸福度はさまざまです。

まず、最も幸せなのは、「パートナーがいて、うまくいっている人」です。小さなケンカや多少の意見の相違があっても、愛する人と共に暮らし、サポートし合って生きることに最高の幸せを感じている状態です。

2番目に幸せなのは、「パートナーがいない人」です。シングルでも、友人がいてやりがいのある仕事があれば毎日が楽しく、さほど不自由も感じません。一人でいるほうが気楽でいいとも感じています。

3番目は、「パートナーはいるけれど、しょっちゅうケンカしている人」です。

些細なことでカッとして相手を責めたりなじったり。お互い口をきかない冷戦状態が続くこともあります。

4番目は、「パートナーがいるけれど、離婚寸前の泥沼にいるか、破綻して別れた直後の人」です。

相手にひどいことをされたという、やり場のない怒りと怨みを抱えています。突然一人になったことで、孤独にさいなまれている人もいます。

このランキングからわかるのは、1番目の「うまくいっている」ステージにいれば最高に幸せになれますが、失敗すれば、怒りといがみ合いの地獄に落ちるということです。結局、独身のほうが幸せだったということにもなりかねません。

パートナーシップは、ハイリスク・ハイリターンの投資のようなものなのです。

ちなみに一生独身の人生を選ぶのも決して悪くありませんが、最低ランクには落ちない代わりに、最高にもなれません。安全で低リスクな一方、人生のおもしろみには欠けるでしょう。

つまり、現在パートナーがいる人もこれから探す人も、パートナーシップを持つなら

1番目の最も幸せな関係を目指して努力すべきだということです。

妻の〝地雷〟はどこに潜んでいるのか？

では、どうしたらいいパートナーシップを維持することができるのでしょう？

それには、まず相手を知ることです。

男性のなかには、自分の何気ないひと言が、妻の逆鱗に触れてびっくりしたことがある人もいるかもしれません。いわゆる〝地雷を踏んだ〟状態です。

何がいけなかったのかわからない……。でも、わからなくて当然です。

そもそも、男女は考え方も価値観も違っているのです。大切なのは、その違いを受け入れることなのです。

たとえば私は、家で妻にゴミ出しを頼まれれば、どんなに疲れていても面倒でも「喜んで！」とすぐやることにしています。こんな些細なことにこそ、女性は幸せを感じるものだと知っているからです。

「えー、なんで僕が。明日じゃダメ？」などとゴネたところで、「あなたは、私を大切に思っていない」と責められるだけです。

また男性は、100万円の指輪をプレゼントしていれば、ゴミ出しくらい忘れても許されると思いがちですが、それも大きな間違いです。

男性は、100万円の指輪は100ポイントで、ゴミ出しは1ポイントだと考えるかもしれません。でも、女性にとってはどちらも同じ1ポイントなのです。男性が考える「ゴミ出し程度」の問題が、ときに離婚騒動にまで発展するのはこのためです。

このことは、メンターのジョン・グレイ博士に聞きました。「なるほどなぁ」と何度もうなずきながらも、「自分に上手にできるかなぁ」と不安に感じたものでした。

男女の違いは、コミュニケーションの方法にも表れます。

あなたは、妻からのクレームがないからといって、「うちの夫婦は問題ない、うまくいっている」と安心していませんか？

でも、言葉に出さなくても「察してほしい」のが女性です。顔で笑って、内心、不満をくすぶらせているかもしれません。

ある男性は、定年間近の50代になって、妻に「老後は一緒に老人ホームに入ろうね」と提案したところ、即座に「イヤです！」と断られたそうです。

彼女はこれまで我慢して夫に尽くしてきた分、老後は自分の好きに生きようと、夫の定年を今か今かと待っていたのです。

夫にとっては青天の霹靂でしたが、それまで妻の不満に気づいてあげられなかったのですから仕方ありません。これを機に、二人は熟年離婚をしてしまいました。

女性は、解決策なんか聞きたくない

妻の話を面倒くさいと思ったことはありませんか？

職場の気苦労や子育てのグチ、近所の噂話……。延々と続くゴールが見えない話にイラッとして、「で？　何が言いたいの？」「その話、明日じゃだめ？」などと口走ってはいませんか？

これが、妻とのコミュニケーションを断絶させてしまう理由です。

また、話の途中で、「そんなときはこうすべきだ」「君にも落ち度があるんじゃないの?」と、つい説教じみたアドバイスをしてしまうのも、女性の気持ちを逆なでする原因です。

男性と女性とでは、感じ方も考え方も違います。男性が理屈で解決策を求めるのに対し、女性が求めるのは共感です。「へえ、なるほど」「それは大変だったね」と、ただ相手の気持ちに寄り添って聞いてあげればいいのです。

そして、どうしても妻の長い話を聞きたくないときには、このひと言を試してみてください。

「その話、もっと聞かせて」

これは、私が人生のメンターのジョン・グレイ博士に学んだ言葉です。たいていの妻は「あら、そんなに私の話に興味を持ってくれるの」とそれだけで満足し、夫を解放してくれるでしょう。

夫婦の金銭感覚は違っていて当たり前

パートナーシップの問題で最も深刻なのが、お金にまつわるトラブルではないでしょうか。日々の生活費や食費にはじまり、小遣い、貯金、住宅ローン、教育費……と、夫婦の間には家計の問題が山積みです。

「えっ、そんなちっぽけな容器に入った美容クリームが1万円⁉　もったいない」と夫が文句を言えば、「あなたが人脈づくりと称して使う飲み代のほうが、よっぽど無駄」と妻が反撃するなど、互いの金銭感覚にケチをつけたくなることもあるでしょう。

私の知人のある経営者は、妻の浪費に業を煮やしています。彼は、オフィスに「節約」と書いた紙を張り出すほどの倹約家です。

自分の会社では、社員に、「メモは広告の裏、電気はこまめに消す」を推奨しているのに、妻は、毎月カードでどっさり買い物をしてしまう。請求書が届くたびに、夫は、ストレスで胃が痛くなる思いです。

けれど、そもそも、夫婦の間にこうしたズレがあるのは当然です。お金の価値観は、それぞれが生まれ育った家の環境や親の職業からくるからです。

たとえば、親が公務員の家と商売人の家とでは、お金の入り方も違えば、使い方も違いますし、投資などに対する考え方も違います。

結婚式や法事で、夫と妻、双方の親族が一堂に会するとき、一方が電車を乗り継いで来るのに対し、もう一方はそれぞれ自家用車で乗りつける。そんなふうに両家の違いが顕著に表れる場面は、みなさんも体験ずみではないですか?

祝儀や不祝儀で「いくら包むか」の判断も、親から受け継いだ常識が基準ですから、「3万円でいいだろう」「いいえ、それじゃ恥ずかしい」と、これまた夫婦バトルの原因になりがちです。

こうした金銭感覚は、親だけでなく、父方、母方、双方の祖父母の考え方も受け継いでいます。つまり、あなたとあなたのパートナーは、それぞれが過去2世代3家族の複雑に入り交じったお金観を背負って出会ったということです。

ですから、ことお金に関しては「言わなくても、わかり合える」は幻想です。お金観の違いは、イデオロギーや宗教の違いに匹敵するほど大きな違いなのです。たとえ日本人同士であっても、国際結婚をしたくらいの覚悟でいないと、いつまでたっても理解し合えません。

価値観が違うからこそ夫婦はおもしろい

私自身、結婚当初は妻との違いに戸惑ったものでした。

たとえば私は子どもの頃、家族でホテルに泊まると、母から「部屋の隅にある四角い箱は、電気がピリピリするから触らないで」と言われたものです。

ところが、ある日、妻とホテルに泊まったときのことです。部屋に入るなりプシュッっと音がして、あろうことか、妻がその四角い箱から1本500円くらいするジュースを取り出し、おいしそうに飲むではないですか!

私は税理士だった父に、質素倹約を厳しく叩き込まれて育ちました。両親は、ホテルの冷蔵庫の高い飲み物を子どもが飲むのは、贅沢だと考えたのでしょう。

長じて少々いいホテルに泊まれる身になっても、私は、あの扉を開けようと考えたことすらなかったのです。ですから、妻の行動は、私にとってありえないものでした。外国人どころか、異星人を見たくらいの驚きだったのです。

けれど、こんなとき、「お嬢さま育ちで世間知らず」「ケチケチしてみっともない」などと無遠慮にやり合えば、お金の問題は人格攻撃にすり替わり、お互いを傷つけることになってしまいます。

お金に関する価値観は、どちらが正しいというわけではありません。違いを認めたら、相手を批判するのではなく、「なぜそうなのか？」をじっくり話し合うことが、パートナーシップを育てる唯一の道です。

先の倹約家の夫とその妻も、話してみれば、妻の浪費グセは、夫が仕事中心で家庭を顧みない寂しさからきていたとわかるかもしれません。

問題の本質は、お金ではなくコミュニケーション不足なのです。

私の場合、妻と話したところ、彼女が父親から「冷蔵庫の売り上げはホテルにとって重要な収益源なのだから、飲んであげたほうがいい」と聞かされて育ったことを知りました。父の影響でお金を使うことに罪悪感を持っていた私は、お金には「いい使いみち」もあるのかと、その新しい考え方にちょっと感動したものです。

最初から似た者同士で結婚すれば、苦労はないのかもしれません。けれど、違うからこそ、夫婦はおもしろいのです。

ワクワクさせてくれる相手でよかったなぁ。

そう考えてみるのも、夫婦円満のコツではないでしょうか。

家族を「孤独」にしたツケは必ず返ってくる

男性の「ミッドライフ・クライシス（中年の危機）」の話は、第3章にも書きました。だいたい40代後半から50代前半頃でしょうか。人生の折り返し地点を過ぎ、体力は衰え、そろそろキャリアの限界も見えるのがこの頃です。

以前なら「まだ巻き返せる」と思えた希望もさすがに薄れ、ある程度出世した人もそうでない人も、「俺の人生こんなものか」とそれぞれにガッカリ感が身にしみる年代です。

同じ頃、その世代の家族もちょうど別のフェーズにさしかかります。

子育てを終えて時間に余裕ができた妻は、仕事以外にも趣味や友人たちとの交流などアクティブに動き回り、親離れした子どもたちは、それぞれの道を歩みはじめます。

そんななか、残業や接待もめっきり減った夫が定時で帰宅したところで、歓迎されるどころか「えっ、お父さん帰ってきたの？　ご飯ないけど」などとアウェーな空気が流れるだけかもしれません。

家族が在宅していればまだしも、電気がついていない真っ暗な家に帰り、一人寂しくカップ麺をすするはめになることもあるでしょう。

自分が築いたはずの家庭が、知らない間にかたちを変えていく……。そこで初めて置き去りにされたような孤独を感じ、茫然とする人もいるのではないでしょうか。


会社でバリバリ働いている間は、否応なくいろいろな人間関係のなかに放り込まれ、孤独など感じているヒマもなかったでしょう。

けれど、トランプのババ抜きのように、自分が引かずにすんだ「孤独」というカードは、不思議なことに、必ず家族の誰かのところへ回っているものです。

それは、一人で家事や育児に奮闘した妻のところかもしれません。父親に悩みを聞いてもらえなかった子どものところかもしれません。

いずれにしても、こうして1枚、また1枚とたまっていった「孤独」のカードがいっぺんにドーンと返されるのがこの時期なのです。

放っておけば、妻から三行半《みくだりはん》を突きつけられ、子どもは口もきいてくれないような悲惨な老後が待っているかもしれません。

そうなると、孤独に耐性のなかった男性は弱いものです。イギリスでは、孤独はアルコール依存症や1日15本の煙草を吸うことに匹敵するほど、心身の健康にとって有害だとされています。その対策のため、孤独担当大臣のポストまで新設されたと聞きます。孤独という病で身を滅ぼす前に、気づいた今から、生き方を見直す必要があるでしょう。

女性としての生き方も、これからは、難しいものです。今までなら、学校を卒業してある程度で結婚。家庭に入って子育てをする。そういう生き方を昭和の時代には、大半の女性がなんの疑問も持たずに送っていましたが、今は違います。

結婚しない女性も増えましたし、仕事を中心にする人もたくさんいます。多様な生き方のなかで、あなたにとっては、何が幸せか、考えておきましょう。

家庭に「効率主義」を持ち込まない

そこで提案したいのが、これまで仕事で身につけた効率主義や結果主義を家庭に持ち込まないことです。

そもそも家庭生活は、ビジネスとは正反対で非効率なものです。

たとえば子どもの教育費は、いくらつぎ込んでも直接自分には返ってきません。そのお金で将来子どもが幸せになってくれれば親としてうれしいというだけの、金銭的にはハイリスク・ノーリターンの投資なのです。

家事ひとつとってみても、同じです。玄関やテーブルに飾られた花は、ミニマリスト的に「別にそんなものなくても生きていける」と考えれば、花瓶や花を買うお金も活ける手間も無駄そのものでしょう。

ですが、こうした無駄があるからこそ家族や家庭は潤うのです。

知人の上場企業の経営者は、月に1度は、家族全員で朝から料理をし、食事を楽しむ日をつくっているそうです。みんなで賑やかにおしゃべりしながらジャガイモの皮をむいたり肉を焼いたりするのが、何よりの喜びだといいます。

彼の時給を考えれば、一流シェフの出張サービスを頼んだほうが安いくらいで、これほどコスパの悪いことはありません。

けれど、そうした効率を度外視した無駄な時間や意味のない時間こそが、家族との絆を強くし、幸せにつながっていくのではないでしょうか。

老後の孤独対策として、今から何か趣味を見つけておくのもいいでしょう。

ただしその場合も、ビジネスの競争原理を持ち込んで人に勝とうとしたり、意味や結果にこだわったりしないことです。

以前、ある経済評論家の方がうれしそうに見せてくださったのは、牛乳瓶のフタと箸袋のコレクションでした。いくら集めたところで高値で取引されるわけでもなければ、

ＳＮＳ映えするわけでもありません。ただ、本人が心の底から楽しくワクワクするから集めているだけなのです。

これまで見たなかで最高にくだらなくて、最高にハッピーな趣味だと思いました。人に自慢できなくてもいい。一銭の得にならなくてもいい。それでも一生懸命何かに打ち込むような人間的におもしろいお父さんになるのも、孤独を癒やす一つの処方箋ではないでしょうか。

人生は、思い出でできている

私は、人生とは突きつめれば〝壮大な思い出づくり〟だと考えています。

ジャック・ニコルソンとモーガン・フリーマン主演の映画『最高の人生の見つけ方』をご覧になったことのある人もいるでしょう。物語は、２人の初老男性が、「死ぬまでにやってみたいことリスト」に書いた夢を一つずつ実行していくというものですが、あの作品も、まさに人生の〝思い出づくり〟がテーマでした。

世界一の美女にキスをする、スカイダイビングをする、スポーツカーのマスタングに乗る……など、映画の主人公たちは、若い頃できなかった夢に次々とチャレンジします。けれど、彼らの最後の〝思い出づくり〟は、やはり家族との絆を取り戻すことでした。

私たちは今、第二次世界大戦以来の波乱と苦境の時代に投げ出されました。ここから、個人や社会、日本や世界が復興していくためには、一人ひとりが大きな試練と立ち向かうことになるでしょう。

こんな時代にこそ、あなたに勇気をくれ、エネルギーの源となってくれるのは、家族やパートナー、恋人や友人たちと過ごす時間です。

特別なことはしなくていいのです。

友だちと他愛もないおしゃべりをしたり、夫婦でのんびり川原を散歩したりするだけでも、それはかけがえのない時間となるでしょう。

仕事やお金儲けだけではない、人間関係がくれる温もりや感動を味わい、大切にしましょう。

これから、想像もできない激動の時代が始まります。

お金や仕事を失っても、あなたにとって大切なものさえあれば、なんだってできます。

あなたにとって大切なもの、それをいちばんにしてください。

あとがき

この本を最後まで読んでくださって、ありがとうございました。

今、世界中が、コロナショックと、経済ショックの2つの津波に呑み込まれつつあります。そこからどうやって出るのか、まだ誰も処方箋を持っていません。

みんなが家にいれば、感染拡大は防げます。しかし、ずっと家にいたら、手持ちのお金が足りなくなってしまいます。

マクロで見たら、感染対策をいちばんにすると、経済的に困窮して自死する人が増えるでしょう。逆に、経済を優先させてしまうと、今度は、ウイルス感染が拡大して、亡くなる人が増えてしまいます。

この二律背反の難しい舵取りを私たちはしていかなければならないのです。世界の国々のトップリーダーは、この選択をしています。

残念ながら、日本では、よくわからない理念のまま、なんとなく自粛、なんとなく経済支援をやっていて、どちらを選択しているのかよくわかりません。

もちろん、正解はありません。ですが、どの選択をしても、死者はたくさん出るでしょう。それぞれの国のトップが、そして個人が選択することになるのでしょう。

この時代を生き抜くうえで、明確な指針はありません。

あなたの人生観で、決めるしかないのです。

自分にとって何が大切かを見極めたうえで、仕事、お金、住む場所などを積極的に選択していかなければいけません。

あなたが決めなければ、あなたが属している組織の命運に全てを託すことになります。これは、国もそうかもしれません。

何も考えず、何も選択せず、何も決めず、何も行動しなければ、ただただリスクが増していくことになります。

このままいくと、自分の人生がどうなるのか、しっかりシミュレーションしてください。

この本は、プレジデント社で連載させていただいた原稿に、加筆して出来上がりました。これからの時代に備えて、読者のみなさまのお役に立てたらうれしいです。

八ヶ岳の書斎にて　　本田　健

本田健（ほんだ・けん）

作家。神戸生まれ。経営コンサルタント、投資家を経て、現在は「お金と幸せ」をテーマにした講演会やセミナーを全国で開催。インターネットラジオ「本田健の人生相談」は4600万ダウンロードを記録。代表作に『ユダヤ人大富豪の教え』など、著書は150冊以上、累計発行部数は800万部を突破している。2017年にはアメリカの出版社Simon & Schuster社と契約。初の英語での書き下ろしになる著作『happy money』をアメリカ、イギリス、オーストラリアで同時刊行。また同作はヨーロッパ、アジア、中南米など、世界25カ国以上の国で発売予定。

◎本田健公式HP（日本語）http://www.aiueoffice.com/

仕事消滅時代の新しい生き方

2020年7月15日　第1刷発行
2020年8月13日　第2刷発行

著者	本田健
発行者	長坂嘉昭
発行所	株式会社プレジデント社
	〒102-8641　東京都千代田区平河町2-16-1 平河町森タワー13F
	電話　編集03-3237-3737
	販売03-3237-3731
編集	濱村眞哉
編集協力	金原みはる
販売	桂木栄一　高橋 徹　川井田美景　森田巌　末吉秀樹
装丁	井上新八
本文デザイン・イラスト・DTP	高橋明香
制作	小池 哉
印刷・製本	株式会社ダイヤモンド・グラフィック社

ISBN978-4-8334-5156-7　Printed in Japan
落丁・乱丁本はおとりかえいたします。